W9-AUW-899

BASIC SPANISH CONVERSATION

A Functional Approach

Juan Kattán-Ibarra

National Textbook Company
a division of *NTC Publishing Group* • Lincolnwood, Illinois USA

COVER PHOTO:

Students at outdoor cafe
in Salamanca, Spain.

American Institute for Foreign Study,
Greenwich, Connecticut 06830

1990 Printing

Published by National Textbook Company, a division of NTC Publishing Group.
©1985 by NTC Publishing Group, 4255 West Touhy Avenue,
Lincolnwood (Chicago), Illinois 60646. 1975 U.S.A.
Manufactured in the United States of America

9 0 ML 9 8 7 6 5

Table of Contents

Preface   vii

1 Me llamo Carlos   1

A. Asking for and giving personal information 1
B. More practice asking for and giving personal
   information • Giving information about other people 3
Unit Summary 6
Structure and Vocabulary Review 8

2 Está cerca de aquí   10

A. Describing places and their location 10
B. Describing people, their physical
   characteristics, and their character 14
Unit Summary 17
Structure and Vocabulary Review 18

3 ¿A qué hora abren los bancos?   20

A. Asking for and telling
   the time • Talking about specific times 20
B. Asking for and giving information about specific times 24
Unit Summary 26
Structure and Vocabulary Review 27

4 Está a la izquierda   29

A. Asking for and giving directions 29
B. Asking for and giving directions when
   going by car or public transportation 32
Unit Summary 35
Structure and Vocabulary Review 36

5 ¿Qué hay que hacer?   38

A. Asking for and giving
   explanations about public services 38
B. Requesting services 41
Unit Summary 44
Structure and Vocabulary Review 45

6 Para mí, un café 47

A. Expressing wants and needs when shopping 47
B. Expressing wants and needs when
eating out • Offering people something to eat 52
Unit Summary 55
Structure and Vocabulary Review 56

7 Pensamos ir a México 58

A. Expressing aspirations and intentions 58
B. Talking about preferences 61
Unit Summary 64
Structure and Vocabulary Review 65

8 Puede estacionar en la plaza 67

A. Expressing possibility and
impossibility, necessity and permission 67
B. Saying what you know or do
not know • Saying whom you know or
do not know • Saying what you can do or
cannot do 70
Unit Summary 73
Structure and Vocabulary Review 75

9 Se levanta a las siete y media 77

A. Asking and answering questions about school and
work 77
B. Talking and asking about leisure activities 79
Unit Summary 83
Structure and Vocabulary Review 84

10 Me gusta la música 86

A. Talking about likes and dislikes, about
things that interest or do not interest you 86
B. Asking and giving opinions 89
Unit Summary 91
Structure and Vocabulary Review 92

11 ¿Qué has hecho? 94

A. Talking about actions that occurred in
the recent past • Talking about activities
that are taking place while a person is speaking **94**
B. Asking and answering questions about future plans **97**
Unit Summary **101**
Structure and Vocabulary Review **102**

12 ¿Qué harás? 104

A. Talking about future travel plans **104**
B. Talking about future plans • Making apologies
• Expressing cause and effect and purpose **108**
Unit Summary **111**
Structure and Vocabulary Review **112**

13 ¿Cuándo naciste? 113

A. Answering questions and giving personal information
about yourself concerning events in the
past • Answering questions and giving personal
information about others concerning
events occurring in the past **113**
B. Asking for and giving personal information concerning
events in the past • Saying how long you have been
in a place and how long you have been doing
something **116**
Unit Summary **118**
Structure and Vocabulary Review **119**

14 Lo pasamos estupendamente 121

A. Talking about past events **121**
B. Reporting past events and
describing a process in the past **125**
Unit Summary **127**
Structure and Vocabulary Review **128**

15 ¿Qué hacía usted? 130

A. Describing habitual actions in the past **130**
B. Describing places and people in the past **133**
Unit Summary **136**
Structure and Vocabulary Review **137**

16 ¿Qué ha hecho usted? 138

A. Asking and answering questions about
recent trends, events, and activities **138**
B. Talking about recent trends
and events • Making comparisons **141**
Unit Summary **144**
Structure and Vocabulary Review **145**

17 Deje una luz encendida 147

A. Making suggestions and giving instructions **147**
B. Making requests and offers **152**
Unit Summary **154**
Structure and Vocabulary Review **156**

18 Quisiera alquilar un coche 158

A. Specifying requirements • Making
recommendations and suggestions **158**
B. Specifying requirements concerning people **162**
Unit Summary **165**
Structure and Vocabulary Review **166**

Spanish-English Vocabulary 167

Preface

Basic Spanish Conversation is a functional course designed to develop oral language skills at the beginning and intermediate levels. This book may be used as 1) the principal text in a Spanish conversation class, 2) a text to provide valuable reinforcement of oral skills in a more general Spanish course, or 3) a text for individuals studying on their own who wish to improve their conversational skills or brush up on their Spanish.

Each of the 18 units in this book focuses on specific language functions (activities) of everyday life, for example, asking and giving personal information, describing places and their location, asking and giving simple directions. The language and structures needed to perform these language functions successfully constitute the basis of each unit. The material in the text is presented in order of difficulty, progressing from the more simple and frequently used forms such as the present tense to more complex structures, including the compound and subjunctive tenses.

The units are each divided into sections A and B. Individual sections in a unit deal with different aspects of a common language function and cover a range of themes, such as school, work, travel, leisure activities, daily routine, shopping, eating out, public services, and many others. The aims of each section are clearly stated at the beginning, so that you will know beforehand the kind of communicative competence you are expected to achieve.

New material is presented through a variety of formats. These include dialogues, interviews, reading passages, letters, brief articles from newspapers, written instructions, questionnaires, photographs, maps, notices, advertisements, timetables, and official forms. Each of these is followed by a set of individual, paired, or group activities requiring the use of spoken Spanish. The instructions preceding each exercise explain the theme or situation and the type of activity involved. Role-playing exercises are an important feature of this conversation text.

Oral practice is often related to everyday surroundings and experience. You are asked to talk about your family, home, studies, likes, dislikes, interests, vacations, or plans for the future.

Words and idioms used in *Basic Spanish Conversation* are listed in the alphabetical Spanish-English Vocabulary at the end of the book. Much of this vocabulary will be elicited in the practice section.

The *Unit Summary* that follows Section B in every unit contains a list of the main language functions that have been practiced, each with examples taken directly from that Unit. This summary is a useful reminder of what you should be able to do with the language after finishing the Unit. It is desirable to refer to the *Unit Summary* and to the *Structure and Vocabulary Review* that follows to study specific points of grammar and usage or to review the entire Unit before moving on to the next one.

A Teacher's Guide that accompanies *Basic Spanish Conversation* for use with this text in school settings contains general information about the book as well as detailed suggestions for presenting new material to classes and guidelines for conducting the varied activities recommended in the book.

Basic Spanish Conversation

1 Me llamo Carlos

A. In Section A of this Unit, you will learn to give information about yourself and to ask other people about themselves.

1. Study this conversation between Catherine and Carlos. Carlos is a Mexican student.

CATHERINE ¿Cómo te llamas?

CARLOS Me llamo Carlos Miranda, ¿y tú?

CATHERINE Soy Catherine Larson.

CARLOS Mucho gusto.

CATHERINE Hola. Eres mexicano, ¿verdad?

CARLOS Sí, soy mexicano. Soy de Guadalajara. Y tú, ¿de dónde eres?

CATHERINE Soy de Chicago. Soy norteamericana. ¿Qué haces aquí en Chicago?

CARLOS Estudio inglés. Soy alumno de un Instituto de Idiomas. Hablas bastante bien el español.

CATHERINE Gracias. Estudio español en el colegio. ¿Hablas bien el inglés?

CARLOS No muy bien. El inglés es un poco difícil para mí. Pero comprendo bastante.

Preguntas
a. ¿De dónde es Carlos?
b. ¿De dónde es Catherine?
c. ¿Qué estudia Carlos en Chicago?
d. ¿Dónde estudia?
e. ¿Dónde estudia español Catherine?
f. ¿Habla bien el español Catherine?
g. ¿Habla bien el inglés Carlos?
h. ¿Comprende bien el inglés?

2. Fill in this form with information about yourself.

Nombre	. . . .
Apellido	. . . .
Profesión	. . . .
Dirección	. . . .
Población	Distrito Postal . . . .
Teléfono	Estado . . . .
Nación	. . . .

Rogamos ESCRIBAN EN LETRA DE IMPRENTA O A MÁQUINA*

*Please print or type

3. Answer these questions according to the information given in the form on the previous page.

    a. ¿Cuál es su nombre?
    b. ¿Cuál es su apellido?
    c. ¿Cuál es su profesión o actividad?
    d. ¿Cuál es su dirección?
    e. ¿De dónde es usted?
    f. ¿Cuál es su número de teléfono?

4. John meets Pablo, who is from Mexico. Fill in the blank spaces in this dialogue with John's questions.

JOHN   ....

PABLO Mi nombre es Pablo.

JOHN   ....

PABLO Mi apellido es Carrasco.

JOHN   ....

PABLO Calle Zapata, número 324.

JOHN   ....

PABLO Mi teléfono es el tres, veintiuno, treinta y seis, cero, dos.

JOHN   ....

PABLO No, no hablo nada de inglés.

B. In Section B of this Unit, you will have more practice giving and asking personal information. You will also learn to give information about other people.

1. Read this text about Luisa Díaz, a Venezuelan.

Luisa Díaz es venezolana y vive en Caracas en la Calle Simón Bolívar 137, apartamento 25. Es enfermera y trabaja en el Hospital de Niños en la capital venezolana. Luisa tiene 26 años, está casada y tiene dos hijos, Juan y Carmen, de 6 y 4 años, respectivamente.

Preguntas

a. ¿De dónde es Luisa?
b. ¿Dónde vive?
c. ¿Cuál es su ocupación?
d. ¿Dónde trabaja?
e. ¿Cuántos años tiene?
f. ¿Está casada o soltera?
g. ¿Cuántos hijos tiene?
h. ¿Cómo se llaman los hijos?

2. Study this information about Manuel Santibáñez.

```
Nombre ____Manuel Santibáñez Díaz_____
Compañía ___Compañía de Acero Pacífico, S. A._____
Dirección ___Avenida Providencia, 721_____
Ciudad ___Santiago_____ Código Postal __4_____
Prov. o Estado __Santiago_____ País __Chile_____
Firmado __Manuel Santibáñez__ Fecha _30 de abril de 198__

Favor de marcar su ocupación o profesión:

____ Fabricante*              ____ Funcionario de Gobierno   ____ Banco o Caja Agraria
____ Agente o Comerciante     ____ Importador                ____ Hacendado
_✓_ Distribuidor o Concesionario  ____ Biblioteca            ____ Ganadero
____ Ingeniero Agrónomo       ____ Universidad o Escuela     ____ Agricultor
____ Médico Veterinario            Agrícola                 ____ Avicultor
                              ____ Estación Experimental     ____ Consultor
```

*All occupations and professions listed on this form are explained in the Vocabulary at the back of this book.

Now answer these questions according to the information in the form.

a. ¿Dónde trabaja Manuel?
b. ¿Cuál es su ocupación?
c. ¿Cuál es su dirección?
d. ¿En qué ciudad vive?
e. ¿En qué provincia vive?

3. You have been invited to attend a reception for people from foreign countries. A young man comes up to chat with you. Provide your response in Spanish.

JOVEN   Buenas tardes.

USTED   (*Greet him.*)

JOVEN   Ud. es de Inglaterra, ¿no?

USTED   (*Say you're not from England. You're American.*)

JOVEN   Ah, perdone Ud. Soy argentino. Me llamo José.

USTED   (*Introduce yourself.*)

JOVEN   Mucho gusto.

USTED   (*Pleased to meet you.*)

JOVEN   ¿De qué parte de Norteamérica es Ud.?

USTED   (*Say where you come from.*)

JOVEN   Ah, ¡qué interesante! Soy de Buenos Aires.

USTED   (*Ask him if he is a student.*)

JOVEN   No, no soy estudiante. Soy actor.

USTED   (*An actor! How interesting!*)

JOVEN   Mi esposa también es actriz.

USTED   (*Oh, you're married.*)

JOVEN   Sí, estoy casado y tengo dos hijos.

4. Briefly describe a member of your family or a friend. Include the following information: his/her name, address, occupation, place of work, and age. Mention whether the person is married or single. If married, tell whether he/she has children, their names, and their ages.

5. Give a brief oral description of yourself. Vary the guidelines above according to your own situation.

Unit Summary

Asking and giving personal information:

1. Name

¿Cómo se llama Ud.?   ¿Cuál es su nombre?

    Me llamo (Carlos).   Mi nombre es (Carlos).

                            Soy (Carlos Miranda).

2. Nationality

¿Es Ud. (mexicano)?   ¿Es (canadiense) John?

    Sí, soy (mexicano).   Sí, es (canadiense).

3. Origin

¿De dónde es?   ¿De dónde es Teresa?

    Soy de (Guadalajara).   Es de (Barcelona).

4. Address

¿Dónde vive?   ¿Cuál es su dirección?

    Vivo en (Guadalajara).   Mi dirección es (Avenida Bolívar, 625).

5. Occupation

¿Cuál es su ocupación?   ¿Cuál es su profesión?

Soy (estudiante).   Soy (profesor).

6. Age

¿Cuántos años tiene?   ¿Cuántos años tiene Roberto?

Tengo (26) años.   Tiene (32) años.

7. Marital Status

¿Está casado?   ¿Está soltera María?

Estoy casado.   Está soltera.

Structure and Vocabulary Review

1.

(yo) (tú) (Ud.)	soy eres es	Catherine Larson norteamericana de Chicago estudiante

2.

tengo tienes tiene	26 años dos hijos

3.

estoy estás está	casado soltero

4.

(yo)	(no)	hablo comprendo escribo	bien	el español

5.

¿lee(s) ¿comprende(s) ¿escribe(s)	Ud. (tú)	el español?

6.

¿cuál es	su tu	nombre? apellido? dirección?

7.

Ud. es	de	Inglaterra, los Estados Unidos, Chicago, México,	¿verdad?

2 Está cerca de aquí

A. In section A of this Unit, you will learn to describe places and their location.

1. Look at the map of South America and read the description of Ecuador and its capital.

ECUADOR

El Ecuador está en el oeste de América del Sur. El Ecuador limita al norte con Colombia, al este y al sur con el Perú y al oeste con el Océano Pacífico. Tiene una superficie de 283.520 kilómetros cuadrados y su población es de 8.350.000 habitantes. De ellos, el 25 por ciento son indígenas, el 55 por ciento son mestizos, el 10 por ciento europeos y el 10 por ciento negros y asiáticos.

La capital del Ecuador es Quito que tiene una población de unos 800.000 habitantes. La ciudad se encuentra a una altitud de 2850 metros sobre el nivel del mar y tiene un clima templado, con una temperatura media de 13 grados centígrados (56 grados Fahrenheit).

— Masculina

temperate

MÉXICO D.F. · MIAMI · CARACAS · BOGOTÁ · QUITO · LIMA · LA PAZ · RIO DE JANEIRO · ASUNCIÓN · SANTIAGO · SAO PAULO · MONTEVIDEO · BUENOS AIRES

Clima — masculino

Preguntas

a. ¿Dónde está el Ecuador?
b. ¿Qué país está al norte?
c. ¿Qué país está al sur?
d. ¿Cuál es su superficie?
e. ¿Cuál es su población?
f. ¿Cuál es la composición étnica de su población?
g. ¿Cuál es la capital del país?
h. ¿Qué población tiene?
i. ¿A qué altitud está?
j. ¿Cómo es su clima?
k. ¿Cuál es su temperatura media?

2. Give an oral description of Bolivia and its capital. Use this information and follow the model.

País:	Bolivia
Límites:	Norte y este: Brasil
	Sur: Argentina y Paraguay;
	Oeste: Chile y el Perú
Superficie:	1.098.580 km. cuadrados.
Población:	5.500.000 habitantes
Composición:	70% indígenas; 25% mestizos;
	5% europeos
Capital:	La Paz
Población:	690.000 habitantes
Altitud:	3.600 m. sobre el nivel del mar
Clima:	Templado
Temperatura media:	10° C. (50° F.)

3. You are visiting South America and have been invited to give a brief talk about your country and about the state and/or city where you come from. You may use phrases like these:

- Soy de . . . (país) que está en. . . . (continente)
- Tiene una población de. . . .
- Su capital se llama . . . y está en. . . .
- Mi ciudad (estado, provincia, etc.) se llama . . . y está en. . . .
- El clima es caluroso/frío/templado. . . .
- En primavera/otoño/invierno/verano . . .
- Hace calor/frío; llueve/ nieva. . . .
- Los principales sitios de interés en mi ciudad son. . . .

4. Ana López is a Chilean living in Santiago. Ana's parents have just bought a three-bedroom apartment, or condominium, that they found through an advertisement in a local paper. Look at the advertisement.

UN DEPARTAMENTO DIFERENTE

En una calle tranquila **Av. Suecia 879, casi esquina Carlos Antunez** muy cerca de todo y lejos del ruido, se alza un edificio poco usual. Departamentos con vista espectacular.
120 m^2 y 140 m^2, living-comedor, 2 y **3 dormitorios, cocina.**
2 baños completos, dependencias de servicios.

Grandes terrazas.
Finas terminaciones con alfombras de muro a muro. **Calefacción** individual. Servicio individual de gas, agua y luz; bodega y estacionamiento privado.

Visite nuestro departamento piloto. — S' Arg pah
Sábados, Domingos y semana.
Le garantizamos que le gustará.
Entrega: 4 meses.
Atención: en Suecia 879
Precios: desde US$ 68.000 equivalente en moneda nacional (Facilidades)

A friend of Ana's is asking about the new apartment. Answer for her, using information contained in the ad.

PABLO ¿Dónde está tu nuevo departamento?*

ANA ....

PABLO ¿Cómo es la calle?

ANA ....

PABLO ¿Cuántos dormitorios tiene?

ANA ....

PABLO ¿Qué otras habitaciones tiene?

ANA . . . .

PABLO ¿Tiene calefacción?

ANA . . . .

PABLO ¿Tiene estacionamiento?

ANA . . . .

PABLO ¿Son muy caros los departamentos en este edificio?

ANA . . . .

*Note that while *departamento* is used here, some other countries use *apartamento* or *piso* for apartment.

5. María is from Alicante, Spain. Read this description of Maria's house.

"Mi casa está en la calle San Isidro, 261, en Alicante. Es una casa de dos pisos y es bastante grande, de cuatro dormitorios. En la planta baja está la sala, el comedor, la cocina y un dormitorio pequeño. En el primer piso hay tres dormitorios y un cuarto de baño.

"Detrás de la casa hay un patio con árboles frutales. Delante hay un jardín con flores y césped.

"San Isidro es una calle tranquila y con poco tráfico. Cerca de mi casa hay una plaza y alrededor de la plaza hay algunas tiendas de comestibles y ropa."

Preguntas

a. ¿Dónde está la casa de María?
b. ¿Cuántos pisos tiene la casa?
c. ¿Cuántos dormitorios tiene?
d. ¿Qué hay en la planta baja?
e. ¿Qué hay en el primer piso?
f. ¿Dónde está el jardín?
g. ¿Qué hay detrás de la casa?
h. ¿Cómo es la calle San Isidro?
i. ¿Hay tiendas cerca?

6. Describe your own house or apartment by answering the following questions:

    a. ¿Dónde está?
    b. ¿Es grande o pequeño?
    c. ¿Cuántas habitaciones tiene?
    d. ¿Dónde está cada habitación?
    e. ¿Tiene jardín? ¿patio? ¿garaje?
    f. ¿Cómo es la calle?
    g. ¿Cómo es el barrio?
    h. ¿Hay tiendas cerca? ¿Qué tiendas hay?
    i. ¿Hay buen transporte? ¿Qué transporte hay?

Add other information if you wish.

B. In Section B of this Unit, you will practice describing people, their physical characteristics, and their character.

1. Paloma García is from Peru, but she now lives in Barcelona, Spain. To renew her passport Paloma had to go to the Peruvian Consulate and fill out this form. Read it and then answer the questions that follow.

CONSULADO GENERAL DEL PERÚ
BARCELONA-36—ESPAÑA

Nombre y Apellidos: Paloma
García Castro

Lugar y Fecha de Nacimiento
Lima, 21 mayo 196—

Pasaporte N°: 5468021

Expedido en: Lima

El: 15 junio 198—

Ocupación: Secretaria de Dirección

Estado Civil: Soltera   *marital status*

Estatura: 1,68 m.

Color de Ojos: negros

Color de Cabellos: castaños — brown

Dirección (Perú): Avda. San Martín, 312

Dirección (España): Calle Relator, 31, 2° izq.

Barcelona, 18 de julio de 198—

Paloma García

Firma del interesado

Preguntas

a. ¿En qué trabaja Paloma?
b. ¿Está casada o soltera?
c. ¿Cuánto mide?
d. ¿De qué color son sus ojos?
e. ¿De qué color son sus cabellos?
f. ¿Cuál es su dirección en España?

2. Look at these words. They are used to describe people's eyes and hair.

Ojos	Cabellos o Pelo
marrones	castaño ~ brown
negros	negro
azules	rubio
verdes	rojo
grises	cano

Now answer these questions about yourself.
a. ¿Cuántos años tiene Ud?
b. ¿Cuánto mide?
c. ¿De qué color son sus ojos?
d. ¿De qué color es su pelo?

3. Describe the two people in the illustration. You may use some of these words and phrases.

- Es delgado/gordo
- Es bajo/alto
- Tiene el pelo largo, corto
- Lleva bigote

- Lleva pantalones/chaqueta
-   camisa/corbata
- Es simpático/antipático
- Parece inteligente/tonto

Unit Summary

1. Describing places:

¿Cómo es el clima de Quito?
 Es templado. *o* Tiene un clima templado.

2. Describing location:

¿Dónde está el Ecuador?
 Está en el oeste de América del Sur.

3. Describing people's appearance:

¿De qué color son sus ojos?
 Son negros.

¿Es bajo o alto?
 Es alto.

4. Describing people's character:

¿Es simpático o antipático?
 Es simpático.

¿Parece inteligente o tonto?
 Parece inteligente.

Structure and Vocabulary Review

1.

mi casa	está	en San Isidro, 261 en Alicante cerca de una plaza

2.

el departamento	es	grande tranquilo caro

3.

tiene	tres dormitorios calefacción estacionamiento

4.

hay	una plaza tiendas buen transporte

5.

Julio	es	alto delgado simpático

6.

tiene	el pelo castaño el pelo corto los ojos marrones

7.

lleva	chaqueta camisa bigote

8.

parece	simpático inteligente agradable

3 ¿A qué hora abren los bancos?

A. In Section A of this Unit, you will practice asking for and telling the time. You will also talk about specific times.

1. Study this conversation between a tourist and a hotel desk clerk in a South American town.

Banco de Guayaquil

TURISTA ¿Qué hora es, por favor?

RECEPCIONISTA Son las nueve menos cuarto.

TURISTA ¿A qué hora abren los bancos?

RECEPCIONISTA A las nueve de la mañana.

TURISTA Los sábados están abiertos también, ¿no?

RECEPCIONISTA No, señor, los sábados están cerrados. Sólo abren de lunes a viernes.

TURISTA Gracias.

Now look at these signs and complete the two conversations below.

<table>
<tr><td>

CORREOS

Horario: 9.30–5.30

~ *Lunes a Sábado* ~

</td><td>

Supermercado **MODELO**

ABIERTO DE

LUNES a SÁBADO

8.00–13.00 y 15.00–20.00

Domingos 9.00–13.00

</td></tr>
</table>

A ¿Qué hora es?	**A** ¿Qué hora es?
B	**B** . . . .
A ¿A qué hora abre Correos?	**A** ¿A qué hora cierra el supermercado?
B	**B** . . . .
A ¿Está abierto los sábados?	**A** ¿Está abierto los domingos?
B	**B** . . . .

2. Read this text from a tourist brochure. Then answer the questions that follow.

En Bogotá, Colombia, los bancos están abiertos de lunes a viernes, entre las 9.00 de la mañana y las 5.00 de la tarde. Los sábados están cerrados. La Oficina Central de Correos, que está en el edificio Avianca en la Calle Carrera, se abre a las 7.00 de la mañana y se cierra a las 10.00 de la noche. Los domingos y días festivos se abre a las 8.00 y se cierra a las 7.00 de la tarde. El horario de las tiendas en Bogotá es de 9.30 a 19.30.

Preguntas

a. ¿Qué días abren los bancos en Bogotá?
b. ¿A qué hora abren?
c. ¿A qué hora cierran?
d. ¿Cuál es el horario de la Oficina Central de Correos?
e. ¿Hasta qué hora están abiertas las tiendas?

3. A Spanish friend is staying with you. It is his first visit to your country, and he is not familiar with the opening and closing times of stores and offices. Answer his questions.

a. ¿A qué hora abren y cierran las tiendas?
b. ¿Están abiertas los sábados? ¿Los domingos? ¿Hasta qué hora?
c. ¿Cuál es el horario de Correos?
d. ¿Abren los sábados y domingos?
e. ¿Cuál es el horario de atención al público de los bancos?
f. ¿Están abiertos los bancos los sábados por la tarde?

Your friend would like to cash a traveler's check. Look at this photograph and answer his question.

a. ¿Qué días se puede cambiar cheques en esta oficina?
b. ¿Se puede cambiar cheques los domingos?
c. ¿Cuál es el horario de atención al público?

4. On a visit to Aguas Calientes in Mexico, you and a Mexican friend are planning to see a play. Look at this advertisement and answer your friend's questions.

a. ¿Sabes qué obra ponen en el Teatro del Estado?
b. ¿Cómo se llama el grupo teatral?
c. ¿Quién es el director de la obra?
d. ¿Qué días la ponen?
e. ¿A qué hora empieza la función?
f. ¿Cuándo se pueden comprar las entradas?
g. ¿Cuánto cuesta la entrada?

B. In Section B of this Unit, you will have more practice asking and giving information about specific times, especially as they concern travel.

1. It is summer. Two foreign tourists go into a travel agency in Malaga to ask for information about bus travel to Barcelona. From Barcelona they are going by boat to Palma, on the Mediterranean island of Mallorca. Look at the information below and answer for the employee.

MALAGA			
DO.		Todo el año	VI.
11'30 22'00	BARCELONA MURCIA	— Sta. Eulalia, 174 — Est. Municipal Autobuses	15'00 04'45
03'45 03'15	GUADIX	— Gasolinera Sierra Nevada	24'00
05'00 08'00	GRANADA MALAGA	— Av. de los Andaluces, 12 — Salitre, 51	21'45 18'45
LU.			JU.

CONEXION PALMA DE MALLORCA	
BARCELONA · PALMA	
	Horas
Del 1.4 al 26.4 y del 1.6 al 30.9 — Diario excepto MI.	23'59
Del 27.4 al 31.5 y del 1.10 al 31.12 — Diario excepto DO.	23'59

a. ¿Qué días hay autocar a Barcelona?
b. ¿A qué hora sale de Málaga?
c. ¿Y a qué hora llega a Barcelona?
d. ¿Qué día llega?
e. ¿De dónde sale el autocar?
f. Desde Barcelona queremos viajar a Palma de Mallorca. ¿Sabe usted qué días hay barco en esta época del año?

2. You are at Madrid's Barajas Airport, waiting for a friend who is coming from the United States. You go to the information counter and talk to an airline employee. Provide your part of the dialogue in Spanish.

USTED (*Say you are waiting for a friend who is coming from the United States. Ask what time the plane arrives.*)

EMPLEADA ¿En qué vuelo viene su amigo?

USTED (*Say he's coming on flight 725 of Iberia Airlines.*)

EMPLEADA El vuelo 725 viene con una hora de retraso.

USTED (*Ask what the new arrival time is.*)

EMPLEADA Llega a las once y media aproximadamente. Espere Ud. el anuncio de confirmación.

3. A woman from Spain is going to visit a friend abroad and she has sent a telegram announcing her arrival.

• T E L E G R A M A •

DESTINARIO: Eduardo Alborja

SEÑAS: Avenida 9 de Julio, 531

DESTINO: Buenos Aires, Argentina

TEXTO: SALGO   DE   MADRID   LUNES   20 AGOSTO 12.30 VUELO AR421. LLEGO AEROPUERTO EZEIZA 3.00 A.M. HORA LOCAL. ABRAZOS.

ROSA

Preguntas
a. ¿De dónde viene Rosa?
b. ¿En qué fecha sale?
c. ¿A qué hora sale el vuelo?
d. ¿En qué vuelo viaja?
e. ¿A qué hora llega el avión?
f. ¿A qué aeropuerto llega?

Unit Summary

1. Asking and saying the time:

¿Qué hora es? ¿Qué hora es?
  Es la una.   Son las dos y cuarto.

2. Talking about specific times:

¿A qué hora abren los bancos? ¿A qué hora empieza la función?
  Los bancos abren a las 9.00.   Empieza a las 8.00.

3. Talking about specific days:

¿Qué días están abiertos los bancos? ¿En qué fecha sale Rosa?
  Están abiertos de lunes a viernes.   Sale el lunes 20 de agosto.

Structure and Vocabulary Review

1. ¿Qué hora es?

es	la una la una y cuarto la una y media		son	las tres y cuarto las tres y media las tres menos cuarto

2.

¿a qué hora	abre cierra llega sale empieza termina	el banco? el avión? la función?

3.

el supermercado	está abierto	de 8.00 a 13.00
las tiendas	están abiertas	de lunes a sábado todos los días

4.

¿qué días	hay	autocar(es)? barco(s)? tren(es)?

5.

salgo viajo llego	el miércoles 18 de septiembre

4 Está a la izquierda

A. In Section A of this Unit, you will learn to ask for and give simple directions.

1. Two travelers are looking for a restaurant on Menorca, one of the Balearic Islands in the Mediterranean.

VIAJERO Perdone, ¿Hay algún restaurante por aquí?

TRANSEÚNTE Pues, sí. Hay dos o tres. El Restaurante Alí Babá es bastante bueno.

VIAJERO ¿Qué tipo de comida sirven allí?

TRANSEÚNETE Es cocina marroquí.

VIAJERA ¿Dónde está?

TRANSEÚNTE Está a la izquierda, en el puerto.

VIAJERA ¿Está lejos?

TRANSEÚNTE No, está bastante cerca. A unos cien metros de aquí.

VIAJERO Muchas gracias.

TRANSEÚNTE No hay de qué.

Preguntas

a. ¿Dónde están los dos viajeros?
b. ¿Dónde están las Islas Baleares?
c. ¿Qué buscan los viajeros?
d. ¿Qué restaurante les recomienda el transeúnte?
e. ¿Qué tipo de comida sirven allí?
f. ¿Dónde está el Restaurante Alí Babá?
g. ¿Está cerca o lejos?
h. ¿A qué distancia está?

2. Another restaurant in the port is *El Gran Comilón*. Get together with another student to make up a dialogue like the one above, using the information in the photograph.

3. Study this conversation.

TURISTA ¿Dónde está Correos, por favor?

GUARDIA Está al final de esta calle, a la izquierda, enfrente de la Oficina de Turismo.

TURISTA Gracias.

Now look at this map of a Spanish town and make up similar conversations with another student. Use some of these words and phrases.

- ¿Dónde está el banco/la farmacia/la iglesia/el museo, etc.?
- Está la izquierda/derecha. . . .
- Está al lado de. . . .
- Está a una, dos calles de aquí. . . .
- Está en la primera, segunda calle. . . .

4. Read these directions given by José, who lives in Quito, Ecuador, to his friend Christina. Give the address and exact location to another student.

> "Mi apartamento está en la Calle Sucre, 41. Es el apartamento 50, que está en el quinto piso a la izquierda del ascensor. El edificio está a dos cuadras de la parada del autobús N° 12, enfrente del Supermercado Quiteño."

5. You are giving a friend directions on how to get to your place. Give the address and exact location, in relation to public transportation or buildings in the area.

B. In Section B of this Unit, you will practice asking for and giving directions on how to get to places by car or public transportation. You will also learn to ask and explain how far places are.

1. A motorist is going to Puebla de Montalbán, a small town in central Spain. He stops to ask a police officer for directions.

CONDUCTOR Perdone, ¿por dónde se va a Puebla de Montalbán?

GUARDIA Para ir a Puebla de Montalbán tiene que tomar la carretera 502. Ud. sigue por esta misma calle hasta el final y luego dobla a la derecha.

CONDUCTOR ¿A qué distancia está más o menos?

GUARDIA Está a cincuenta kilómetros aproximadamente.

Preguntas

a. ¿Adónde va el conductor?
b. ¿Dónde está Puebla de Montalbán?
c. ¿Qué carretera tiene que tomar?
d. ¿A qué distancia está del lugar donde él está?

2. You are in a Spanish town, driving to Navahermosa, which is 70 kilometers away. You stop a passerby and ask for directions. With another student, make up a conversation like the one above, using the information in the photograph.

3. Look a this table. It tells you how long it takes to fly from Buenos Aires, Argentina, to major cities in other countries.

	Madrid	12 horas
	México	9 horas
Buenos Aires a	Miami	8 horas, 45 minutos
	Nueva York	10 horas, 30 minutos
	Río de Janeiro	2 horas, 50 minutos

Preguntas

a. ¿A cuántas horas de vuelo está Madrid de Buenos Aires?
b. ¿Qué ciudad está más lejos de Buenos Aires, México o Miami?
c. ¿A cuántas horas de Buenos Aires está Nueva York?
d. ¿Cuánto tarda un avión entre Miami y Buenos Aires?
e. ¿Cuántas horas de vuelo hay entre Buenos Aires y Río de Janeiro?

4. Look at this map of the Buenos Aires subway, commonly known as *el subte.* Then study this conversation between a foreign visitor and a passerby at Bolívar station, on the south end of the *E* line.

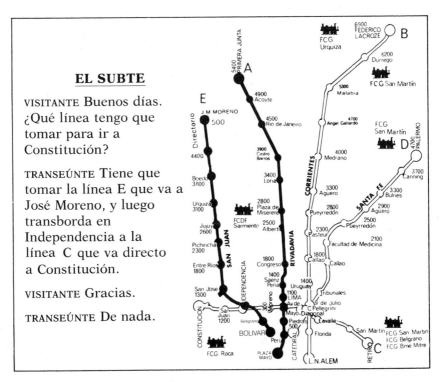

EL SUBTE

VISITANTE Buenos días. ¿Qué línea tengo que tomar para ir a Constitución?

TRANSEÚNTE Tiene que tomar la línea E que va a José Moreno, y luego transborda en Independencia a la línea C que va directo a Constitución.

VISITANTE Gracias.

TRANSEÚNTE De nada.

Preguntas

a. ¿Adónde quiere ir el visitante?
b. ¿Adónde va la línea E?
c. ¿Dónde tiene que transbordar?
d. ¿Qué línea tiene que tomar en Independencia?
e. ¿Adónde va la línea C?

Now get together with another student to complete these short conversations.

(*You are at Retiro, at the east end of the C line.*)
PREGUNTA ¿Qué línea tengo que tomar para ir a José Moreno?
RESPUESTA . . . .

(*You are at Plaza de Mayo, at the south end of the A line.*)
PREGUNTA ¿Qué línea tengo que tomar para ir a Primera Junta?
RESPUESTA . . . .

(*You are at José Moreno, at the north end of the E line.*)
PREGUNTA ¿Qué línea tengo que tomar para ir a Retiro?
RESPUESTA ....

Now use the model conversation above and the subway map to make up similar conversations.

Unit Summary

1. Asking and giving simple directions:

¿Dónde está el Restaurante Alí Babá?
    Está a la izquierda, en el puerto.

2. Asking and giving directions to destinations:

(a) by car
    ¿Por dónde se va a Puebla de Montalbán?
        Para ir a Puebla de Montalbán tiene que tomar la (calle) carretera 502.

(b) by public transportation
    ¿Qué (autobús) línea tengo que tomar para ir a Constitución?
        Tiene que tomar la línea E que va a José Moreno y luego transborda en Independencia a la línea C.

3. Asking and answering questions about distances:

¿Está lejos?
    Está bastante cerca.
    Está a cien metros.
    Está a nueve horas.

Structure and Vocabulary Review

1.

¿hay	algún restaurante alguna farmacia	por aquí?

2. ¿Dónde está?

está	a la izquierda/derecha en el puerto al final de esta calle enfrente del banco al lado de la farmacia en el quinto piso

3. ¿A qué distancia está?

está a	dos calles de aquí dos cuadras setenta kilómetros dos horas

4. ¿Qué línea (autobús, carretera) tengo que tomar?

tiene que	tomar	la línea C el autobús N° 12 la carretera 502

5. ¿Por dónde se va?

Ud.	sigue por esta calle dobla a la derecha dobla a la izquierda

5 ¿Qué hay que hacer?

A. In Section A of this Unit, you will practice asking for and giving explanations about procedures, with particular reference to public services.

1. Read these instructions for using public telephones in Argentina.

EMPRESA NACIONAL DE TELECOMUNICACIONES   T.P.A.A.
                                                                        NO **5**

TELÉFONO   PÚBLICO   AUTOMÁTICO

Para comunicar dentro del área urbana a la tarifa de cada 5 minutos o fracción.

INSTRUCCIONES

1° Descuelgue el receptor y espere el tono para discar
2° Obtenido el tono, deposite una ficha de un peso y disque correctamente el número deseado.
3° Si el número requerido es de Central Automática y no contesta o está ocupado, cuelgue el receptor y las monedas serán devueltas.

ADVERTENCIAS

Por razones técnicas, las llamadas a Centrales no automáticas son cobradas aunque la comunicación no resulte efectiva.

Disque correctamente, pues si lo hace mal o equivocado tendrá que depositar otra ficha para obtener la comunicación.

IMPORTANTE

Destruir o dañar este Teléfono Público es un delito reprimido por el Código Penal. En su propio beneficio colabore en su conservación denunciando a quien pretenda hacerlo.

POR DESPERFECTOS llame a: **114**

Oficinas Públicas próximas para llamadas interurbanas o con el Exterior:

SAN GERÓNIMO 66   **HORARIO PERMANENTE**

Imagine you are instructing someone on the use of a public telephone in Argentina. Answer these questions by referring to the instructions above.

PREGUNTA ¿Qué hay que hacer para llamar desde un teléfono público en la Argentina?

RESPUESTA Primero tiene que descolgar ... y esperar.... Una vez obtenido ... hay que depositar ... y discar.... Si..., hace falta colgar ... y....

PREGUNTA ¿Cuánto vale una llamada telefónica dentro del área urbana?

RESPUESTA Cuesta....

PREGUNTA ¿Por cuánto tiempo?

RESPUESTA Por....

PREGUNTA Si tengo que hacer una llamada interurbana or al exterior, ¿adónde hay que ir?

RESPUESTA Hay que ir a....

PREGUNTA ¿A qué hora está abierto?

RESPUESTA Está abierto....

2. Study these instructions on using public telephones in Spain.

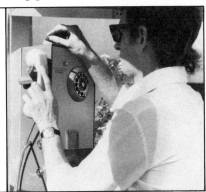

INSTRUCCIONES

- Deposite monedas de 25 pesetas.

- Descuelgue el microteléfono.

- Espere el tono de marcar.

- Marque el número deseado.

Now complete the instructions below.

PREGUNTA ¿Qué hay que hacer para llamar desde un teléfono público en España?

RESPUESTA Primero tiene que ..., después hay que ..., luego tiene que ... y finalmente hay que....

3. A Spanish-speaking person in your own country needs help using a public telephone. Explain how to do it.

4. Read these instructions on how to open a checking account in a South American bank.

- Traer dos cartas de presentación de personas que tengan cuenta corriente.

- Depositar la cantidad mínima establecida, que es diferente en cada banco.

- Proporcionar datos personales completos con carnet de identidad.

- Traer una fotografía tamaño carnet.

- El banco comprueba los informes bancarios si los tiene.

Preguntas

a. ¿Cuántas cartas de presentación tiene que traer?
b. ¿Qué personas pueden dar las cartas de presentación?
c. ¿Hay que depositar una cantidad fija?
d. ¿Qué tipo de información hace falta proporcionar?
e. ¿Qué documento tiene que presentar?
f. ¿Qué tipo de fotografía hay que traer?
g. ¿Qué tiene que hacer el banco?

5. Work with another student to make up a conversation based on this situation. A Spanish friend of yours has just arrived in your country for a six-month stay. Your friend would like to open a checking account at a local bank. Find out what she needs to do. Then give her the information she requires. Use phrases like these:

- primero tienes que . . .
- luego hay que . . .
- después hace falta . . .

6. Your friend would like to get a driver's license. Find out what he needs to do and answer his questions.

a. ¿Cuántos años hay que tener como mínimo para obtener un carnet de conducir?*

b. ¿Qué hay que hacer para solicitar el carnet?

c. ¿Adónde tengo que ir?

d. ¿Qué documentos hay que presentar?

e. ¿Qué pruebas o exámenes hay que hacer?

f. ¿Hace falta pagar? ¿Cuánto?

Licencia de manejar is used in Latin America.

B. In Section B of this Unit, you will practice requesting services.

1. Go over the following conversation between a tourist and an employee of a Spanish post office.

TURISTA Buenas tardes. ¿Cuánto cuesta enviar una carta a los Estados Unidos?

EMPLEADO ¿Por vía aérea?

TURISTA Sí, aérea.

EMPLEADO Cuesta cuarenta pesetas.

TURISTA Deme cuatro sellos de cuarenta pesetas.

EMPLEADO Aquí tiene usted.

TURISTA ¿Cuánto es?

EMPLEADO Son ciento sesenta pesetas. ¿Algo más?

TURISTA También quiero enviar un telegrama.

EMPLEADO Para telegramas tiene que ir a la ventanilla número dos, al fondo, a la derecha.

TURISTA Gracias.

```
Mr. Peter Fowler,
916 Riverside Drive,
Nueva York, N.Y. 10033,
Estados Unidos
```

Now complete your part in this conversation following the model above.

USTED (*Greet the person at the counter and ask how much it costs to send a postcard to England.*)

EMPLEADO A Inglaterra cuesta veintitrés pesetas.

USTED (*Ask the person to give you five 23-peseta stamps.*)

EMPLEADO Aquí tiene Ud., cinco sellos de veintitrés pesetas.

USTED (*Ask how much it is.*)

EMPLEADO Son ciento quince pesetas. ¿Algo más?

USTED (*Yes, say you also want to send a registered letter.*)

EMPLEADO Para cartas certificadas tiene que ir a la ventanilla número cinco, al fondo, a la izquierda.

USTED (*Thank him and say goodbye.*)

2. Can you make sense of this conversation between a foreign tourist and a bank clerk? Match each sentence in Column A with an appropriate sentence from Column B. Fill in the blank spaces with the currency you wish to change and the current rate of exchange.

_____**DIVISAS**_____

Divisa	Pesetas
1 Dólar USA	164,90
1 Dólar canadiense	126,85
1 Franco francés	18,62
1 Libra esterlina	216,02
1 Franco suizo	68,82
1 Marco alemán	57,16
1 Florín holandés	50,66
1 Corona sueca	19,82
1 Libra irlandesa	176,36

Column A

a. Buenos días. ¿Qué desea?
b. ¿Tiene Ud. cheques de viaje o billetes?
c. Con cheques de viaje le damos . . . pesetas por . . . ¿Cuánto quiere cambiar?
d. Me permite su pasaporte, por favor.
e. ¿Cuál es su dirección aquí en Madrid?
f. Bien. Firme aquí y luego pase por caja.
g. A la número cinco.

Column B

1. Ciento cincuenta. . . .
2. Estoy en el Hotel La Mancha en la Avenida de la Castellana.
3. ¿A qué caja tengo que ir?
4. Quiero cambiar . . . a pesetas. ¿A cómo está el cambio?
5. Gracias. Adiós.
6. Aquí lo tiene Ud.
7. Tengo cheques de viaje.

3. A foreign visitor goes to the _Compañía Telefónica_ (Telephone Company) in a Spanish town to make an international call.

CLIENTE Buenas tardes, señorita.

TELEFONISTA Buenas tardes. ¿Qué desea?

CLIENTE Quiero llamar a Boston, en los Estados Unidos.

TELEFONISTA Las líneas con los Estados Unidos están ocupadas.

CLIENTE ¿Qué demora (*delay*) hay?

TELEFONISTA Hay una hora de demora. ¿Quiere Ud. esperar?

CLIENTE Sí, está bien.

TELEFONISTA ¿Qué número de Boston quiere Ud.?

CLIENTE El 748 2109.

TELEFONISTA Bien. Le avisaré cuando esté lista su llamada.

CLIENTE Gracias.

Now with another student, create similar conversations using other cities and telephone numbers.

Unit Summary

1. Asking for and giving explanations about procedures:

¿Qué hay que hacer para llamar desde un teléfono público en España?
    Primero tiene que depositar monedas de veinticinco pesetas, luego hay que descolgar el microteléfono. . . .

¿Hace falta pagar?
    Sí, hace falta pagar.

2. Requesting services:

¿Qué desea?
    Quiero cambiar dólares a pesetas.
    Deme cuatro sellos de cuarenta pesetas.

Structure and Vocabulary Review

1.

hay que hace falta	descolgar el receptor discar correctamente colgar el receptor

2.

primero luego después finalmente	tiene que marcar el número

3.

deme	cuatro sellos una tarjeta postal dos dólares/libras

4.

quiero	enviar un telegrama llamar a Boston el número 748 2109

5.

¿cuánto	quiere	cambiar?
¿qué número	quiere	Ud.?

6.

¿quiere Ud.	esperar? llamar a Londres? enviar una carta?

6 Para mí, un café

A. In Section A of this Unit, you will practice expressing wants and needs, with a focus on shopping.

1. Read the following dialogue between a customer and a clerk of *Frutería y Abarrotes Ramírez.*

DEPENDIENTE Buenos días. ¿Qué desea?

CLIENTE Quiero un kilo de manzanas.

DEPENDIENTE ¿Algo más?

CLIENTE Sí, deme también medio kilo de naranjas y dos aguacates.

DEPENDIENTE Aguacates no quedan.

CLIENTE ¿Tiene tomates?

DEPENDIENTE Sí, sí tenemos. ¿Cuántos le pongo?

CLIENTE Deme un kilo y medio.

DEPENDIENTE ¿Quiere alguna cosa más?

CLIENTE Sí, media docena de huevos y un frasco de aceitunas negras.

DEPENDIENTE ¿Le doy un frasco grande o pequeño?

CLIENTE ¿Cuánto vale el grande?

DEPENDIENTE El grande cuesta trescientos pesos.

CLIENTE Deme uno grande.

DEPENDIENTE Aquí tiene Ud. ¿Algo más?

CLIENTE No, nada más. ¿Cuánto es todo?

DEPENDIENTE Un momento, que le hago la cuenta. Un kilo de manzanas . . . medio kilo de naranjas . . . un kilo y medio de tomates . . . media docena de huevos y un frasco grande de aceitunas. Son novecientos noventa pesos en total. Pague Ud. en la caja, por favor.

CLIENTE Gracias. Adiós.

Join with another student to make up similar conversations using items from the list below.

1 kg. de arroz	$150
1 kg. de azúcar	$130
¼ kg. de té	$300
1 frasco de café	$320
1 barra de pan	$ 80
1 paquete de mantequilla	$200
1 botella de leche	$ 75
1 caja de chocolates	$425

2. Study this photograph of a store in Spain.

Preguntas

a. ¿Cómo se llama la tienda?
b. ¿Qué venden en esta tienda?
c. ¿Qué puedes hacer con tu viejo tejano?
d. ¿Cuánto dinero te pueden dar por tu viejo tejano?
e. ¿Existe este tipo de tienda en tu país?
f. ¿Cuánto cuesta aproximadamente un tejano nuevo en tu país?

3. Jaime, a salesclerk at *Jordi's Pantalón*, is serving a customer.

JAIME ¿Dígame?

CLIENTE Quisiera comprar unos pantalones.

JAIME ¿Quiere un pantalón de vestir o deportivo?

CLIENTE De vestir.

JAIME Tenemos éstos de lana que son muy elegantes y de muy buena calidad.

CLIENTE ¿Cuánto cuestan éstos?

JAIME Estos valen cinco mil pesetas.

CLIENTE Sí, está bien.

JAIME ¿Qué color prefiere Ud.? Los tenemos en gris, negro y marrón.

CLIENTE Prefiero los grises.

JAIME Es un color muy bonito y combina con todo. ¿Cuál es su talla?

CLIENTE La talla cuarenta y seis.

JAIME Estos son los últimos que tenemos en la talla cuarenta y seis. ¿Quiere probárselos?

CLIENTE Sí, ¿dónde está el probador?

JAIME Pase por aquí. (*The customer tries on the trousers.*) ¿Cómo le quedan?

CLIENTE Me quedan muy bien.

JAIME ¿Desea algo más? ¿Una chaqueta, una camisa?

CLIENTE No, eso es todo, gracias. Quisiera pagar con mi tarjeta de crédito.

JAIME Sí, cómo no. Aquí está su recibo y pase Ud. por caja por favor. Gracias.

Preguntas

a. ¿Qué quiere comprar el cliente?
b. ¿Qué tipo de pantalones quiere?
c. ¿Cuánto valen los pantalones de lana?
d. ¿Qué colores hay?
e. ¿Qué color quiere el cliente?
f. ¿Cuál es la talla del cliente?
g. ¿Cómo le quedan los pantalones?
h. ¿Quiere comprar algo más?
i. ¿Cómo paga?

4. Get together with another student to make up conversations like the one above. Look at this list of clothing and sizes.

Precios

> un traje = 15.500 pts.
>
> una camisa = 2.600 pts.
>
> una chaqueta = 9.500 pts.
>
> una falda = 6.800 pts.
>
> *pts. = pesetas*

Tallas

Vestidos, faldas y trajes de mujer

Estados Unidos	10	12	14	16	18	20
Gran Bretaña	32	34	36	38	40	42
Europa	38	40	42	44	46	48

Chaquetas y trajes de hombre

E.U./G.B.	36	38	40	42	44	46
Europa	46	48	50	52	54	56

Camisas de hombre

E.U./G.B.	14	14½	15	15½	16	16½	17
Europa	36	37	38	39	41	42	43

B. In Section B of this Unit, you have more practice expressing wants and needs, this time with a focus on eating out. You will also learn to offer people something to eat or to drink.

1. Carlos and Francisca are two customers at the *Restaurante Teide* in Tenerife (Canary Islands).

CARLOS Buenas noches. Queremos una mesa para dos.

CAMARERO ¿Quieren sentarse en ésa del rincón?

CARLOS Sí, está bien.

CAMARERO Un momento, que les traigo la carta. (*He brings the menu*). Aquí la tienen. Vuelvo enseguida.

(*Carlos and Francisca decide what they want to eat.*)

CAMARERO ¿Qué van a tomar?

FRANCISCA Yo quiero sopa de pescado y de segundo chuletas de cerdo con papas fritas.

CAMARERO ¿Va a tomar ensalada?

FRANCISCA Sí, tráigame una ensalada mixta.

CAMARERO ¿Y para Ud., señor?

CARLOS Para mí una tortilla a la española.

CAMARERO ¿Y de segundo?

CARLOS De segundo quiero arroz con pollo.

CAMARERO ¿Van a beber algo?

FRANCISCA Un agua mineral para mí.

CAMARERO ¿Con gas or sin gas?

FRANCISCA Con gas.

CARLOS A mí tráigame una cerveza.

Get together with two or more students to make up other conversations like the one above. Use items from the photograph and the menu below.

MENU A LA CARTA

Entradas

Ensaladas variadas	350 pts.
Sopa de verduras	300 pts.
Sopa de mariscos	500 pts.
Tortillas variadas	350 pts.

Platos fuertes

Paella	1500 pts.
Cocido	1800 pts.
Pescado frito o a la plancha	1800 pts.
Chuletas de ternera, de cordero, de cerdo	2100 pts.
Riñones al jerez	1500 pts.

Postres

Fruta	300 pts.
Flan	400 pts.
Helados	250 pts.

2. Two friends, Marta and Silvia, go into a café.

CAMARERA ¿Qué van a tomar?

SILVIA Para mí un café con leche.

CAMARERA ¿Y para Ud.?

MARTA A mí tráigame un café solo.

CAMARERA Un café solo y un café con leche. ¿Van a comer algo?

SILVIA Sí, quiero un bocadillo de jamón.

MARTA Para mí nada, gracias.
(*After finishing their coffee, they ask for the bill.*)

SILVIA Nos trae la cuenta, por favor.

CAMARERA Sí, enseguida.

Work together with one or more students to make up similar conversations using items from this photograph.

3. Can you make sense of this conversation? Match each question with the corresponding answer.

Pregunta	**Respuesta**
a. ¿Qué quieres beber?	1. No gracias, no tengo hambre.
b. ¿Cómo lo quieres?	2. Una cucharadita solamente.
c. ¿Cuánta azúcar quieres?	3. Un café, por favor.
d. ¿Quieres comer algo?	4. Con leche.

Unit Summary

1. Expressing wants and needs:

(a) Shopping
Deme medio kilo de naranjas.
Quiero un kilo de manzanas.
Quisiera comprar unos pantalones.

(b) Eating out
Quiero sopa de pescado.
Tráigame una ensalada mixta.
Para mí una tortilla a la española.
Nos trae la cuenta, por favor.

2. Offering people something to eat or to drink:

¿Qué van a tomar?
¿Va a tomar ensalada?
¿Qué quieres beber?
¿Quieres comer algo?

Structure and Vocabulary Review

1. ¿Qué quiere?

quiero quisiera	unos pantalones

2. ¿Cuánto cuesta(n)? ¿Cuánto vale(n)?

la mantequilla	cuesta (vale)	200 pesos
las manzanas	cuestan (valen)	150 pesos

3. ¿Cuánto es?

es	un dólar/una libra
son	ciento cincuenta pesos/pesetas

4. ¿Qué prefiere?

prefiero	los pantalones grises
	los grises

quiero	el café con leche
lo quiero	con leche

quiero	las chuletas con ensalada
las quiero	con ensalada

5. ¿Cómo le queda(n)?

la camisa	me queda	mal
los pantalones	me quedan	bien

6. ¿Qué le(s) trae el camarero?

(yo)	le(s)	traigo	la cuenta*
el camarero		trae	

me		un café
	trae	un agua mineral
nos		la cuenta

*__Note:__ Tráigame (nos) la cuenta (por favor).

7 Pensamos ir a México

A. In Section A of this Unit, you will practice expressing your aspirations and intentions.

1. Read this letter from Ramón, a Costa Rican, to his friend Pat.

San José, 2 de junio de 19____

Querida Pat:

Hoy es domingo y aprovecho que no hay nadie en casa para responder a tu carta.

Por lo que veo estás muy ocupada con tus estudios, lo mismo que yo. Te deseo mucho éxito en tus exámenes.

Mis vacaciones empiezan a fines de este mes. A principios del mes de julio mis padres y yo pensamos ir a México a pasar algunos días. Nuestra intención es estar cuatro días en la capital. Luego pensamos quedarnos tres días en Guadalajara, donde tenemos unos amigos, y finalmente queremos pasar una semana en Cancún. Esperamos estar por lo menos quince días fuera de San José. Nuestros planes son salir de aquí el 5 de julio y volver el 21.

¿Y qué piensas hacer tú? ¿Cuándo vienes a San José otra vez? Mis padres siempre preguntan por ti y te envían muchos recuerdos. Espero recibir pronto noticias tuyas.

Abrazos,

Ramón

Preguntas

a. ¿Cuándo empiezan las vacaciones de Ramón?
b. ¿Adónde piensan ir él y sus padres?
c. ¿Qué ciudad piensan visitar primero? ¿Por cuántos días?
d. ¿Cuánto tiempo quieren pasar en Cancún?
e. ¿Cuánto tiempo esperan estar fuera de San José?
f. ¿Cuándo piensan salir de San José?
g. ¿Cuándo esperan volver?

2. Give a brief talk about the plans you have made for your next vacation. Use expressions like these:

- Mi intención es . . .
- Mis planes son . . .
- Espero . . .
- Pienso . . .
- Quiero . . .

3. You are asking a friend of yours about his vacation plans. These are his answers. What are your questions?

a. ....
   Este verano pienso ir a América del Sur.

b. ....
   Quiero ir a Brasil y Argentina.

c. ....
   Pienso visitar Río de Janeiro y San Pablo, luego Buenos Aires.

d. ....
   En Brasil espero estar quince días.

e. ....
   En Buenos Aires una semana.

f. ....
   Pienso irme el 30 de agosto y volver el 20 de septiembre.

4. Read these comments made by three students about their plans for the future.

(i) **Andrés,** 17 años, colombiano, de Cali.
   "Después de dejar el colegio pienso ir a la Universidad. Quiero estudiar Ciencias Políticas en la Universidad de Bogotá.

Después de terminar mis estudios espero conseguir alguna beca para hacer estudios de postgraduado en Europa o en los Estados Unidos."

(ii) **Cecilia,** 22 años, chilena, de Valparaíso.
"En diciembre de este año termino la carrera de Administración de Empresas en la Universidad de Chile y el próximo año espero conseguir un trabajo en alguna firma. Mis intenciones son irme a Santiago, la capital, donde vive Alvaro, mi novio. Alvaro trabaja en una compañía de importaciones y está bastante contento con su trabajo. Pensamos casarnos dentro de seis meses."

(iii) **Esteban,** 18 años, mexicano, de León.
"Acabo de dejar el colegio, pero no quiero seguir ninguna carrera. Mis planes son salir de México por uno o dos años. Tengo muchas ganas de ir a los Estados Unidos donde tengo algunos parientes. Ellos viven en Los Angeles. Si no puedo viajar al extranjero, pienso irme al Distrito Federal donde vive Luis, mi hermano mayor. Luis está casado y trabaja en un banco."

Preguntas

(i) a. ¿Qué piensa hacer Andrés después de dejar el colegio?
   b. ¿Qué quiere estudiar?
   c. ¿En qué Universidad?
   d. ¿Qué espera hacer después de terminar sus estudios?

(ii) a. ¿Qué carrera está haciendo Cecilia?
   b. ¿Dónde estudia?
   c. ¿Qué espera hacer el próximo año?
   d. ¿Adónde quiere irse?
   e. ¿Dónde trabaja su novio?
   f. ¿Cuándo piensan casarse?

(iii) a. ¿Cuáles son los planes de Esteban?
   b. ¿Adónde tiene ganas de ir?
   c. ¿Dónde viven sus parientes?
   d. ¿Adónde piensa ir si no va al extranjero?
   e. ¿Dónde trabaja su hermano Luis?

5. Get together with one or more students to talk about your plans for the future. Ask and answer questions like these:

- ¿Qué piensas hacer en el futuro?
- ¿Quieres seguir estudiando?
- ¿Qué carrera piensas seguir?
- ¿Dónde quieres estudiar?
- ¿Piensas casarte pronto?
- ¿Qué otros planes tienes?

B. In Section B of this Unit, you will practice talking about preferences.

1. A Spanish magazine carried out a survey among young people in Madrid, Barcelona, and Seville. Three hundred people between the ages of 18 and 25 took part in this survey, which focused mainly on their preferences in sports and leisure activities. These are some of the results.

ENCUESTA			
¿Qué deporte prefiere usted?		**¿Cuántas horas semanales dedica a la práctica de los deportes?**	
El tenis	174	Más de 2 horas	158
El fútbol	90	Más de 4 horas	84
La natación	36	Más de 6 horas	58
¿Adónde prefiere ir en sus vacaciones?		**¿Qué tipo de música prefiere?**	
A la playa	137	La música *pop*	183
A la montaña	124	La música clásica	95
Al campo	39	La música folklórica	22
¿Qué ciudad exranjera prefiere?		**¿Qué ciudad de España prefiere?**	
Nueva York	143	Barcelona	160
París	108	Madrid	54
Londres	108	Sevilla	86

Preguntas

a. ¿Qué deporte prefiere la mayoría de los jóvenes?
b. ¿Cuántas horas semanales dedica la mayoría de ellos a los deportes?
c. ¿Cuál es el lugar preferido para pasar las vacaciones?
d. ¿Qué tipo de música prefiere la mayoría?
e. ¿Qué tipo de música es menos popular?
f. ¿Cuál es la ciudad extranjera favorita?
g. ¿Qué ciudad de España prefieren?

2. Now state your own preferences. Choose from the alternatives above and add others of your own. Answer questions like these.

- ¿Qué deporte prefieres tú?
- ¿Cuántas horas semanales dedicas a la práctica de los deportes?
- ¿Adónde prefieres ir en tus vacaciones?
- ¿Qué tipo de música prefieres?
- ¿Qué prefieres hacer en tu tiempo libre?
- ¿Qué ciudad o país extranjero prefieres?
- ¿Qué ciudad de tu país prefieres?

3. Read these people's comments about the type of work they prefer to do.

(i) **Gloria Araya,** 17 años, venezolana, soltera.
"Prefiero un trabajo seguro y para toda la vida. Para mí el dinero es menos importante que la seguridad."

(ii) **Guillermo Rodríguez,** 22 años, peruano, soltero.
"Lo más importante para mí es la variedad y la acción. Prefiero aquellos trabajos donde es posible viajar mucho y conocer gente diferente todos los días."

(iii) **Eduardo Carmona,** 28 años, español, casado.
"La seguridad en el trabajo no tiene tanta importancia para mí como el aspecto económico. Prefiero los puestos de

ponsabilidad. En el futuro espero ser gerente o director de alguna gran empresa."

(iv) **Rosa Maturana,** 24 años, ecuatoriana, casada.
"Prefiero aquellas actividades donde puedo ayudar y ser útil a otra gente. Naturalmente el aspecto económico también tiene importancia, pero el servir a otras personas me produce mucho más satisfacción. Soy enfermera y estoy muy contenta con mi trabajo."

Preguntas

(i) a. ¿Qué tipo de trabajo prefiere Gloria?
  b. ¿Es muy importante el dinero para ella?

(ii) a. ¿Qué es lo más importante para Guillermo?
  b. ¿Qué tipo de trabajo prefiere?

(iii) a. ¿Qué es más importante para Eduardo, la seguridad en el trabajo o el aspecto económico?
  b. ¿Qué tipo de puestos prefiere?
  c. ¿Cuáles son sus planes para el futuro?

(iv) a. ¿Qué tipo de actividades prefiere Rosa?
  b. ¿En qué trabaja ella?
  c. ¿Está satisfecha con su trabajo?

4. Express your own ideas about the type of work you prefer to do. Use phrases like these.
  • Prefiero aquellos trabajos donde es posible . . .
  • Prefiero aquellas actividades donde puedo . . .
  • Para mí tiene más importancia . . .
  • Lo más importante para mí es . . .
  • Lo menos importante para mí es . . .

Use some of the ideas listed on the following page and add others of your own.

> ASPECTOS QUE CONSIDERO IMPORTANTES
> AL ELEGIR UN TRABAJO
>
> El sueldo
> La seguridad a largo plazo
> Ayudar a otra gente
> Viajar
> Conocer gente
> Grado de responsabilidad
> Vacaciones y otros beneficios
> Oportunidad de ascenso
> La variedad

Unit Summary

1. Expressing aspirations:

Espero conseguir alguna beca.
Esperamos estar por lo menos quince días.

2. Expressing intentions:

Pienso ir a la Universidad.
Nuestra intención es estar allí cuatro días.
Nuestros planes son salir el 5 de julio.
Quiero estudiar Ciencias Políticas.
Queremos pasar una semana en Cancún.

3. Talking about preferences:

¿Qué deporte prefiere Ud.? ¿Qué prefieres hacer en tu tiempo libre?
  Prefiero el tenis.   Prefiero escuchar música.

Structure and Vocabulary Review

1.

¿qué	piensa(n) quiere(n) prefiere(n) espera(n)	hacer?

2.

pienso quiero prefiero espero	ir a la Universidad

3.

pensamos queremos preferimos esperamos	visitar Cancún

4.

mi nuestra	intención	es	salir el 5 de julio
mis nuestros	planes	son	volver el 21

5.

después luego antes	de	terminar

6.

acabo de	volver a San José dejar el colegio recibir tu carta

7.

tengo ganas de	ir a los Estados Unidos viajar al extranjero conseguir un trabajo

8 Puede estacionar en la plaza

A. In Section A of this Unit, you will practice expressing possibility and impossibility, necessity and permission. You will also talk about actions that are prohibited.

1. Read this text about driving in Mexico as a tourist.

Para poder conducir en México Ud. necesita tener la licencia internacional de conducir, aunque aquellas personas que tienen licencia de los Estados Unidos, pueden utilizarla también en México.

El seguro de automóvil de su país no es válido para México, y es necesario obtener un seguro especial. Esto lo puede hacer en la misma frontera mexicana, o bien a través de su propio agente de seguros.

Si Ud. tiene problemas con su vehículo en territorio mexicano, puede recurrir a la patrulla *Angeles Verdes*, cuya función es ayudar a los conductores de manera gratuita en caso de averías del coche, accidentes u otras emergencias relacionadas con su vehículo.

Preguntas

a. ¿Qué documento es necesario tener para conducir en México?
b. ¿Se puede utilizar la licencia de conducir de los Estados Unidos en México?
c. ¿Se puede utilizar el seguro de automóvil de su país en México?
d. ¿Dónde se puede obtener el seguro?
e. ¿Qué puede hacer en caso de tener problemas con su vehículo?
f. ¿Cuál es la función de la Patrulla *Angeles Verdes?*

2. Can you make sense of this conversation between a motorist and a policeman? Match each question with the appropriate answer.

Preguntas

a. ¿Se puede estacionar en esta calle?

b. ¿Hay algún estacionamiento por aquí?

c. ¿Puedo doblar a la derecha en esta calle?

d. ¿Dónde está?

Respuestas

1. En la Plaza Mayor hay uno.

2. No, está prohibido estacionar aquí.

3. Está a dos cuadras de aquí, a la derecha.

4. No, aquí sólo está permitido doblar a la izquierda. Tiene que continuar hasta la próxima calle.

3. Look at these signs that prohibit some action. Then answer the questions below, using the phrases *No, aquí está prohibido (estacionar)* and *No, aquí no está permitido (estacionar)*.

acceso
prohibido

prohibido doblar
a la izquierda

prohibido circular
bicicletas

4. Find an appropriate answer for each of the questions below.

Preguntas
a. ¿Dónde se puede lavar esta ropa?
b. ¿Cómo se puede viajar de Madrid a Barcelona?
c. ¿Dónde puedo cambiar este dinero?
d. ¿Cuándo puedes venir?
e. ¿Dónde se puede reparar este reloj?
f. ¿A qué hora podemos salir?
g. ¿Dónde se puede reparar este neumático?

Respuestas
1. Aquí enfrente hay una Casa de Cambio.
2. A las 4.30.
3. En la esquina hay una lavandería.
4. En tren, en avión o en autobús.
5. Pasado mañana.
6. Al final de esta calle hay un garaje.
7. En la relojería que está al lado del banco.

5. Study this conversation between the secretary of a Spanish businessman and a foreign visitor.

SECRETARIA Buenas tardes. ¿En qué puedo servirle?

SR. ROBINSON Quisiera hablar con el señor Martínez.

SECRETARIA Lo siento, el señor Martínez no puede recibir a nadie en este momento. Está en una reunión. ¿Puede Ud. venir mañana?

SR. ROBINSON Mañana me es imposible.

SECRETARIA ¿Puede venir el miércoles, entonces?

SR. ROBINSON Sí, el miércoles sí. ¿A qué hora puedo venir?

SECRETARIA A las diez y media. ¿Está bien?

SR. ROBINSON Sí, está bien.

SECRETARIA ¿Cuál es su nombre?

SR. ROBINSON Paul Robinson.

SECRETARIA De acuerdo, señor Robinson. Hasta el miércoles.

SR. ROBINSON Hasta el miércoles. Gracias.

Preguntas

a. ¿Con quién quiere hablar el Sr. Robinson?
b. ¿Por qué no puede ver al Sr. Martínez?
c. ¿Cuándo puede ver al Sr. Martínez?
d. ¿A qué hora puede verlo?

Now work with another student to make up a similar dialogue. Use other names and make an appointment for a different day and time.

B. In Section B of this Unit, you will practice saying what or whom you know or don't know. You will also learn to say what you can or can't do.

1. Study these two conversations.

TURISTA ¿Sabe dónde está la Calle Carlos V?

TRANSEÚNTE Lo siento, no sé. No conozco muy bien la ciudad.

MARIDO ¿Conoces a Luis Cisternas?

MUJER No, no lo conozco. No sé quién es.

Now complete the questions and answers below with the correct form of *conocer* or *saber*.

a.
A ¿ . . . . (Ud.) qué hora es?
B No, no . . . . . . No tengo reloj.
b.
A ¿ . . . . . . (tú) Barcelona?
B Sí, sí la . . . . . . Es una ciudad muy bonita ¿no?

c.
A ¿ . . . . . . (Ud.) a alguien en esta ciudad?
B No, no . . . . . . a nadie. Es la primera vez que vengo aquí.

d.
A ¿ . . . . . . (Ud.) por dónde se va a la estación?
B No . . . . . . No soy de aquí.

e.
A ¿ . . . . . . (tú) a María Inés García?
B No la . . . . . . , pero . . . . . . a su hermana, Ana García.

f.
A ¿ . . . . . . (tú) dónde vive la familia Rodríguez?
B No, no . . . . . . , pero mi madre . . . . . .

2. Answer this questionnaire. To each question reply with the phrase *sí sé* (*sí lo sé*) or *no sé* (*no lo sé*).

•CUESTIONARIO•

a. ¿Sabes
inglés? _____
¿español? _____
¿francés? _____
¿alemán? _____
¿italiano? _____

¿otros
idiomas? _____

b. ¿Sabes tocar
el piano? _____
¿el violín? _____
¿la guitarra? _____
¿la flauta? _____
¿otros
instrumentos? _____

c. ¿Sabes jugar
al tenis? _____
¿al fútbol? _____
¿al baloncesto? _____
¿al tenis
de mesa? _____
¿al rugby? _____

¿otros
deportes? _____

d. ¿Sabes
nadar? _____
¿esquiar? _____
¿patinar? _____

Have another student fill out the questionnaire. Then report the results back to the class, using phrases like these.

- Paula sabe inglés, español y francés.
- Sabe tocar el piano.
- No sabe tocar ningún instrumento musical.
- Sabe jugar al tenis y al tenis de mesa.
- Sabe nadar y esquiar.

3. Imagine you are attending an interview for a job involving use of the Spanish language. These are some of the questions you will be requested to answer in a preliminary interview in Spanish.

    a. ¿Conoce Ud. a alguien en esta compañía?
    b. ¿Conoce Ud. algún país de habla española?
    c. ¿Qué país(es)?
    d. ¿Qué otro(s) país(es) conoce Ud.?
    e. ¿Sabe Ud. conducir?
    f. ¿Tiene carnet de conducir?
    g. ¿Sabe Ud. mecanografía o taquigrafía?
    h. ¿Sabe Ud. algo de contabilidad?

4. Ask another student in class the same questions, using the familiar form. For example:

ALUMNO A ¿Conoces alguń país de habla española?

ALUMNO B No, no conozco ningún país de habla espanola. *or* Conozco (México y España).

ALUMNO A ¿Sabes conducir?

ALUMNO B Sí, sé conducir. *or* No, no sé conducir.

After going through all the questions, report back to the rest of the class with your results. For example:

"(Simón) no conoce ningún país de habla española y no sabe conducir."

Unit Summary

1. Expressing possibility and impossibility:

¿Puede Ud. venir mañana?
   Mañana no puedo venir.
   Mañana me es imposible venir.

2. Expressing necessity:

¿Qué documento es necesario tener?
   Ud. necesita la licencia internacional de conducir.

3. Expressing permission:

¿Se puede estacionar en esta calle?
   Sí, se puede estacionar.
   Sí, está permitido estacionar.

4. Expressing actions that are prohibited:

¿Se puede doblar a la derecha?
   No, no se puede doblar a la derecha.
   No, está prohibido doblar a la derecha.
   No, no está permitido doblar a la derecha.

5. Saying what or whom you know or don't know:

¿Sabe Ud. dónde está la Calle Carlos V?
   No, no sé dónde está.

¿Conoces Barcelona?
   Sí, conozco Barcelona.

¿Conoces a alguien aquí?
   No, no conozco a nadie.

6. Saying what you can or can't do:

¿Sabes tocar algún instrumento musical?
   Sé tocar el piano.

Structure and Vocabulary Review

1.

puedo puede(s) podemos	venir mañana

2.

me te le nos les	es imposible	venir mañana

3.

¿dónde ¿cuándo ¿a qué hora	se puede	estacionar?

4.

(no)	está	prohibido permitido	entrar por esta calle

5.

(no)	sé sabe(s) sabemos saben	donde está quién es

6.

¿sabe(s)	jugar al tenis? nadar? mecanografía?

7.

(no)	conozco conoce(s) conocemos conocen	a Luis Cisternas Barcelona

8.

¿conoce(s)	a alguien aquí? algún país de habla española?

9.

no conozco	a nadie aquí ningún país de habla española

9 Se levanta a las siete y media

A. In Section A of this Unit, you will learn to ask and answer questions about daily activities, particularly in relation to school and work.

1. Read this text about Isabel Herrera. It tells you something about her work and her daily life.

ISABEL HERRERA

Se levanta a las siete y media. Le prepara el desayuno a Ignacio, su hijo de cinco años, y acompañada por José Manuel, su marido, lo lleva a la escuela donde estudia. Luego Isabel hace las compras del día, antes de abrir su pequeña tienda de ropa de señoras a las diez.

Normalmente no tiene tiempo para ir a comer a casa, y lo hace en algún

restaurante cerca de la tienda. Por la tarde va a visitar a alguna amiga y a las cuatro vuelve otra vez a la tienda.

Preguntas

a. ¿A qué hora se levanta Isabel?
b. ¿Qué hace después de levantarse?
c. ¿Adónde lleva a su hijo?
d. ¿Qué hace antes de abrir su tienda?
e. ¿A qué hora abre la tienda?
f. ¿Dónde come generalmente?
g. ¿Qué hace por la tarde?
h. ¿A qué hora abre la tienda por la tarde?

2. Give a brief talk on your daily activities. Discuss the following topics.

    a. Si estudias o trabajas.
    b. A qué hora te levantas normalmente.
    c. Qué haces después de levantarte.
    d. A qué hora te vas de casa.
    e. Cómo vas al colegio o al trabajo.
    f. Dónde comes al mediodía.
    g. A qué hora terminas las clases o el trabajo.
    h. A qué hora te acuestas.

3. Read this description of how Pedro Riquelme travels to work in Mexico City.

Pedro Riquelme vive y trabaja en el Distrito Federal. Va a su trabajo en coche. Sale de su casa a las 8.30 y llega a su oficina a las 9.30. Tarda aproximadamente una hora en llegar.

Now use the model above to give brief oral descriptions of how these people travel to work.

Nombre	Ciudad	Transporte	Salida	Llegada
Dolores Pulido	Madrid	metro	9.00	9.20
Enrique Baeza	Santiago	autobús	8.45	9.00
Patricia Lazcano	La Paz	bicicleta	9.15	9.30

4. Now talk about where you live and study or work. Then describe how you go to school or to your place of work.

5. Read this description of Juan Cristi and one of his days at school.

JUAN CRISTI

Juan Cristi es alumno de un colegio secundario en Guanajuato, México. Juan tiene normalmente cinco horas de clases cada día. Las clases empiezan a las 8.30 de la mañana y terminan a la 1.30 de la tarde. El lunes Juan estudia historia a las 8.30. Luego estudia matemáticas, inglés, educación física y geografía. Las clases duran cincuenta minutos cada una y entre cada clase hay una pausa de cinco minutos. Cuando terminan las clases Juan generalmente vuelve a su casa a almorzar.

Now give a brief oral description of your own activities on a school day. Follow the model above, beginning like this:

"Soy alumno de.... Tengo normalmente...."

B. In Section B of this Unit, you will learn to talk about leisure activities. You will learn to ask people what they usually do in their spare time and on holidays and vacations. You will also learn to give similar information about yourself.

1. Study this conversation between Patricia, an American student, and José, a student from Mexico.

PATRICIA ¿Qué hacen normalmente los mexicanos en su tiempo libre?

JOSÉ Pues, yo creo que la actividad más popular entre los mexicanos hoy en día es la televisión. En eso no hay mucha diferencia con otros países.

PATRICIA ¿Cuántas horas pasa un mexicano mirando la televisión?

JOSÉ Eso depende. Pero la persona que trabaja o estudia pasa como mínimo una hora a una hora y media enfrente de la televisión. Naturalmente hay gente que no la ve nunca. Ahora, en el caso de la gente que no tiene ninguna actividad fuera de casa, pues para ellos la televisión constituye una parte importante de su día.

PATRICIA ¿A qué otra actividad dedican su tiempo los mexicanos?

JOSÉ Pienso que como en la mayoría de los países latinos, los mexicanos pasamos mucho tiempo con los amigos, en casa, en el café, en la calle, etc.

PATRICIA ¿Y los deportes son importantes?

JOSÉ Tienen menos importancia de lo que la gente piensa. Los mexicanos preferimos ser espectadores y no participantes.

Preguntas

a. ¿Cuál es la actividad más popular entre los mexicanos?
b. ¿Cuánto tiempo aproximadamente mira la televisión la gente que trabaja o estudia?
c. ¿A qué otra actividad dedican su tiempo los mexicanos?
d. ¿Qué importancia tienen los deportes para los mexicanos?

2. Look at this list of activities. Check the boxes of those that you do in your spare time; then number them following your order of preference.

☐ Miro la televisión   ____
☐ Escucho música   ____
☐ Leo   ____
☐ Hago deportes   ____
☐ Voy al cine y espectáculos   ____
☐ Salgo con amigos   ____
☐ Practico algún *hobby*   ____

Now get together with one or two other students to ask and answer questions like these.

- ¿Qué tipo de programas de televisión miras?
- ¿Qué clase de música escuchas?
- ¿Qué lees normalmente?

- ¿Qué deportes practicas?
- ¿Qué tipo de películas ves más frecuentemente?
- ¿A qué espectáculos vas?
- ¿Adónde sueles ir con tus amigos?
- ¿Qué *hobby* practicas?

3. Read this text. It tells something about the sleeping habits of people in Spain and about their leisure activities.

De entrada, el español descansa poco porque duerme poco. Un 5 por ciento duerme menos de seis horas, un 13 por ciento menos de siete y un 29 por ciento hasta ocho horas. Es decir, que el 48 por ciento de los españoles duermen menos de ocho horas habitualmente. Los afortunados que duermen nueve horas llegan al 27 por ciento, y algo más del 25 por ciento superan ese tiempo.

Fuera de dormir y trabajar, la actividad a la que los españoles se dedican con más asiduidad es a ver la televisión. La televisión es casi el líder del ocio y sólo el 9 por ciento de los españoles no la ven nunca. Más o menos tiempo, un 75 por ciento de los españoles la ven todos los días.

La lectura no lleva mucho tiempo al español desocupado. Sólo un 4,7 por ciento de los españoles leen libros en días laborables, y la proporción baja al 4,5 los sábados y al 3,5 los domingos. Periódicos y revistas tienen más lectores, pero sin exceso. Una de cada cuatro personas no lee nunca el periódico y sólo el 9,8 dedican un tiempo apreciable diariamente a la lectura de éstos.

A bailar o asistir a espectáculos sólo un 4,5 por ciento de españoles lo hacen diariamente (durante el veraneo ese porcentaje se eleva). Los sábados de cualquier época del año llega al 10,3 por ciento y los domingos casi el 20 por ciento de los españoles se van a bailar, al cine o al teatro.

Now give a brief oral summary of the text by discussing these questions.

- ¿Qué porcentaje de los españoles duerme menos de 8 horas diariamente?
- ¿Qué porcentaje duerme 9 horas?
- ¿Qué hace la mayoría de los españoles en su tiempo libre?
- ¿Qué porcentaje de los españoles ve la televisión todos los días?
- ¿Leen más los españoles durante la semana o los fines de semana?
- ¿Qué leen generalmente?
- ¿Van muchos españoles a bailar o al cine o al teatro los sábados? ¿los domingos?

4. Get together with one or two students to discuss some of the habits of people in your own country. Discuss topics such as these.

- Las horas de trabajo de la gente.
- Las horas de las comidas.
- Lo que hace la gente en sus horas libres.
- Lo que hace la gente en sus vacaciones.
- Qué deportes son más populares.
- A qué espectáculos asiste más la gente.
- Qué *hobbies* son más populares entre la gente joven, y entre
- los adultos.
- Los hábitos de lectura.

Unit Summary

1. Asking and answering questions about daily activities:

¿A qué hora se levanta Ud.?
  Me levanto a las (ocho).

¿Qué hace después?
  Desayuno, leo el periodico. . . .

¿Dónde come?
  Como en (la oficina).

¿Cuándo va al cine?
  Voy al cine los (domingos).

2. Saying how frequently people do something:

Juan generalmente vuelve a su casa a almorzar.
Hay gente que no ve nunca la televisión.
Sólo un 4,5 por ciento bailan o asisten a espectáculos diariamente.

Structure and Vocabulary Review

1.

me	levanto	
te	levantas	a las ocho
se	levanta	tarde
nos	levantamos	temprano
se	levantan	

2.

por lo general	salgo	
generalmente	voy	
normalmente	vuelvo	a las 8.30
siempre	me acuesto	
nunca		

3.

luego de	levantarme	desayuno
después de	arreglarme	leo el periódico
antes de		

4.

¿a qué hora ¿dónde ¿qué ¿con quién	come(s)?

5.

los fines de semana los sábados por la noche	se van a bailar

10 Me gusta la música

A. In Section A of this Unit, you will practice talking about your likes and dislikes. You will also discuss the things that interest you and don't interest you.

1. Read this interview with Mario, a young mime actor from Lima, Perú.

MARIO LÓPEZ

Mario Lopez es un joven actor de mimos que actúa los sábados y domingos en una de las plazas principales de Lima, la capital del Perú. A Mario le gusta representar escenas de la vida diaria. En esta entrevista él habla sobre sus aficiones y sus intereses.

PREGUNTA ¿Cómo te llamas?

RESPUESTA ¿Me llamo Mario López.

PREGUNTA ¿Cuántos años tienes, Mario?

RESPUESTA Tengo diecisiete años.

PREGUNTA ¿Desde cuándo actúas en esta plaza de Lima?

RESPUESTA Desde hace un año más o menos.

PREGUNTA ¿Por qué lo haces?

RESPUESTA Bueno, primeramente porque me gusta actuar y me gusta el contacto que tengo con el público que viene a verme. Además esto me permite ganar un poco de dinero.

PREGUNTA ¿A qué te dedicas durante la semana?

RESPUESTA A estudiar. Estoy en el cuarto año de enseñanza media.

PREGUNTA ¿Qué te interesa hacer en el futuro?

RESPUESTA Me interesa perfeccionarme como actor y llegar algún día a ser actor profesional.

PREGUNTA ¿Qué otros intereses tienes?

RESPUESTA Me interesa también la música y me gustan los deportes, especialmente el fútbol.

PREGUNTA ¿Juegas en algún equipo?

RESPUESTA Si, pertenezco al equipo de mi colegio.

PREGUNTA ¿Qué escena vas a representar ahora?

RESPUESTA 'El niño y el trompo'.

Preguntas

a. ¿Qué hace Mario en la plaza?
b. ¿Qué días actúa?
c. ¿Qué escenas le gusta representar?
d. ¿Cuántos años tiene Mario?
e. ¿Hace cuánto tiempo que actúa en la plaza?
f. ¿Por qué actúa?
g. ¿Qué hace durante la semana?
h. ¿Qué le interesa hacer en el futuro?
i. ¿Qué otros intereses tiene?
j. ¿Qué deporte practica?
k. ¿A qué equipo pertenece?

2. Answer these questions about your own likes, dislikes, and interests. Use phrases like these.

- (No) me gusta la música
- (No) me gustan los deportes
- (No) me gusta jugar al tenis

- (No) me interesa la pintura
- (No) me interesan las artes
- (No) me interesa ir a los museos

a. ¿Te interesa el teatro?
b. ¿Qué tipo de obras te gustan?
c. ¿Qué tipo de películas te gustan?
d. ¿Te interesa la lectura? ¿De qué tipo?
e. ¿Te interesa la música? ¿De qué tipo?
f. ¿Te interesa el ballet? ¿De qué tipo?

g. ¿Te interesan los deportes? ¿De qué tipo?

h. ¿Qué te gusta hacer en tu tiempo libre?

i. ¿Qué te interesa hacer en el futuro?

3. Read about Margarita Soler, a South American tennis player.

LOS GUSTOS PERSONALES DE MARGARITA SOLER

Pasiones: Aparte del tenis, la música clásica y la novela hispanoamericana.

Autores latinoamericanos favoritos: Gabriel García Márquez, Jorge Luis Borges y Octavio Paz.

Compositores favoritos: Mozart, Vivaldi y Bach.

Pintores favoritos: Los impresionistas y entre los modernos, Picasso.

Ropa: Tejanos con blusas, trajes de chaqueta.

Platos preferidos: El pescado, el pollo y las verduras.

Preguntas

a. ¿Qué deporte le gusta a Margarita?

b. ¿Qué tipo de música le interesa?

c. ¿Qué género literario le gusta?

d. ¿Cuáles son los autores latinoamericanos que más le gustan?

e. ¿Qué compositores le gustan más?

f. ¿Qué pintores le gustan?

g. ¿Le gusta algún pintor moderno? ¿Quién?

h. ¿Qué tipo de ropa le gusta llevar?

i. ¿Cuáles son los platos que más le gustan?

4. On vacation in Spain, you meet a Spaniard. Complete your side of this conversation with your new acquaintance. Note the use of the familiar form of *you.*

ESPAÑOL ¿Es ésta la primera vez que vienes a España?

USTED (*No, it's the second time you come to Spain.*)

ESPAÑOL Así que ya conoces España.

USTED (*Yes, you know the country well, particularly the South. You like this part of Spain very much.*)

ESPAÑOL A mí también me gusta mucho. Yo trabajo en Barcelona, pero en mis vacaciones vengo siempre a la Costa del Sol. ¿Te gusta la playa?

USTED (*Oh, yes, you like it very much. You like swimming and you spend most of the day at the beach. Unfortunately, the beach is always very crowded and you don't like that.*)

ESPAÑOL Yo conozco una playa que es muy tranquila y que es excelente para nadar. Si quieres, puedes venir conmigo esta tarde en la motocicleta.

USTED (*Excellent idea! But you have to be back at the hotel before six.*)

ESPAÑOL En ese caso puedo pasar a buscarte después del almuerzo.

USTED (*Good. You finish lunch about half past one. You can meet him outside the Hotel Andaluz at two o'clock.*)

ESPAÑOL Estupendo. Hasta ahora.

USTED (*See you later.*)

B. In Section B of this Unit, you will practice asking and giving opinions.

1. The *Instituto Nacional de Opinión* (National Opinion Institute) carried out a survey among ordinary people in Mexico to find out what they thought about the future of their country. Here are some of their opinions.

Ana Luisa Ríos, ama de casa, 42 años.
"Yo soy francamente optimista en cuanto al futuro de mi país. Creo que hay esperanzas de mejora y que nuestro país tiene enormes posibilidades."

Pablo Retamales, arquitecto, 31 años.
"A pesar de las dificultades económicas que vivimos en estos momentos, pienso que con el esfuerzo de todos los mexicanos el país puede salir adelante y alcanzar un nivel de vida mejor."

Josefina Caro, profesora, 55 años.
"Creo que lo que necesitamos es un cambio radical en nuestras actitudes. Tenemos que trabajar más, ser más responsables, más austeros; de lo contrario, nuestro país no puede progresar."

Carlos Marín, estudiante, 18 años.
"Yo miro con optimismo el futuro de México y el futuro del mundo en general. Creo que las dificultades por las que pasamos actualmente no pueden durar mucho más tiempo."

Preguntas

a. ¿Es pesimista u optimista Ana Luisa Ríos?
b. ¿Qué opina ella con respecto al futuro de su país?
c. ¿Es pesimista u optimista Pablo Retamales?
d. ¿Qué piensa él con respecto al futuro de México?
e. Según Josefina Caro, ¿qué se necesita?
 f. ¿Qué hay que hacer según ella?
g. ¿Es pesimista u optimista Carlos Marín?
h. ¿Qué piensa él con respecto a las dificultades que vive su país?

2. Give your opinion about the subjects below, using phrases such as these.

- Opino que es (son) . . .
- Pienso que es (son) . . .
- Creo que es (son) . . .

a. ¿Qué opinas sobre tu ciudad? ¿Por qué?
b. ¿Qué piensas sobre tus estudios? ¿Por qué?
c. ¿Qué piensas sobre el estudio de los idiomas extranjeros? ¿Por qué?

3. Ask another student the same questions. Then report your results to the rest of the class. For example:

- "(Mary) opina que su ciudad es (bonita) porque (tiene parques y jardines, edificios modernos y tiendas muy elegantes)."

- "(Sue) piensa que sus estudios son (interesantes) porque (tiene una gran variedad de asignaturas)."

- "(John) cree que el estudio de los idiomas extranjeros es (importante) porque (permite conocer la cultura de otros países)."

Unit Summary

1. Talking about what you like and dislike:

¿Le (te) gusta la música?
  Sí, me gusta la música clásica.

¿Le (te) gustan los deportes?
  No, no me gustan los deportes.

¿Qué le (te) gusta hacer en su (tu) tiempo libre?
  Me gusta leer.

2. Talking about your interests:

¿Le (te) interesa el cine?
  Sí, me interesa el cine.

¿Qué tipo de películas le (te) interesan?
  Me interesan las películas musicales.

¿Qué le (te) interesa hacer en el futuro?
  Me interesa perfeccionarme como actor.

3. Asking and giving opinions:

¿Qué opinas sobre tu ciudad?
  Opino que es muy bonita.

Structure and Vocabulary Review

1.

(no)	me te le	interesa gusta	la música
	nos les	interesan gustan	los deportes

2.

A mí me gusta el cine. ¿Y a usted?
A mí también me gusta.

A mí no me gusta el ballet. ¿Y a ti?
A mí tampoco me gusta.

A Mario (a él) le gustan los deportes. ¿Y a Margarita?
A Margarita (a ella) también le gustan.

3.

me te le nos les	interesa gusta	leer escuchar música actuar

4.

¿qué	piensa(s) opina(s)	sobre la ciudad?

5.

pienso opino creo	que	la ciudad es	(muy) interesante poco interesante bonita aburrida estimulante

11 ¿Qué has hecho?

A. In Section A of this Unit, you will practice talking about actions that have occurred recently and about activities that are taking place while a person is speaking.

1. Read this letter written by Julia, a girl from Granada, Spain, to her friend Jim.

Granada, 15 de julio de 19____

Querido Jim:

He recibido tu carta en la que me dices que ya has terminado tus exámenes y que has tenido mucho éxito. Te felicito. Te lo mereces ya que has estudiado mucho.

Yo también he terminado los míos y los he aprobado todos. Estoy feliz. Algunos de ellos, especialmente matemáticas y química han sido bastante difíciles para mí y he tenido que estudiar muchísimo.

Ahora estoy buscando trabajo. He visto algunos anuncios en el periódico que me han interesado y he escrito ya dos cartas pidiendo mayor información, pero todavía no he recibido respuesta. De momento pienso quedarme en casa descansando hasta encontrar algo interesante y conveniente. La situación aquí está un poco mala con respecto a trabajo. Hay bastante desempleo y no es muy fácil encontrar lo que uno quiere.

¿Y tú qué estás haciendo? ¿Estás trabajando? Espero que sí. Escríbeme si tienes tiempo y dales mis recuerdos a tus padres y hermanos.

Abrazos,

Julia

Preguntas

a. ¿Qué dice Jim en la carta que ha escrito a Julia?
b. ¿Ha tenido éxito Julia en sus exámenes?
c. ¿Qué exámenes han sido más difíciles para ella?
d. ¿Está trabajando Julia?
e. ¿Qué ha visto en el periódico?
f. ¿Qué ha hecho para obtener mayor información?
g. ¿Qué piensa hacer de momento?
h. ¿Hay bastante trabajo en España?

2. Read these appeals for help sent to a Spanish newspaper by a charity organization on behalf of needy people.

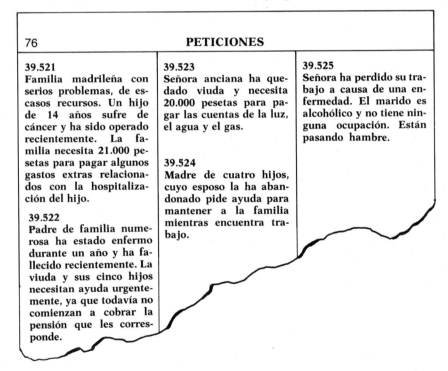

76	PETICIONES	
39.521 Familia madrileña con serios problemas, de escasos recursos. Un hijo de 14 años sufre de cáncer y ha sido operado recientemente. La familia necesita 21.000 pesetas para pagar algunos gastos extras relacionados con la hospitalización del hijo. **39.522** Padre de familia numerosa ha estado enfermo durante un año y ha fallecido recientemente. La viuda y sus cinco hijos necesitan ayuda urgentemente, ya que todavía no comienzan a cobrar la pensión que les corresponde.	**39.523** Señora anciana ha quedado viuda y necesita 20.000 pesetas para pagar las cuentas de la luz, el agua y el gas. **39.524** Madre de cuatro hijos, cuyo esposo la ha abandonado pide ayuda para mantener a la familia mientras encuentra trabajo.	**39.525** Señora ha perdido su trabajo a causa de una enfermedad. El marido es alcohólico y no tiene ninguna ocupación. Están pasando hambre.

Preguntas

(39.521)
a. ¿Qué ha pasado con el hijo de esta familia?
b. ¿Para qué necesitan dinero?

(39.522)
c. ¿Quién ha fallecido?
d. ¿Por qué necesitan ayuda la viuda y los hijos?

(39.523)

e. ¿Qué le ha pasado a esta señora?

f. ¿Para qué necesita ayuda?

(39.524)

g. ¿Qué ha hecho el padre de esta familia?

h. ¿Para qué pide ayuda la madre?

(39.525)

i. ¿Por qué ha perdido su trabajo esta señora?

j. ¿Qué pasa con el marido?

3. Imagine that you have been to the movies this evening. Look at this film listing from a Spanish newspaper. Choose one of them. Then answer the questions that follow.

C ines

sesión numerada

ALBENIZ (Paz, 11. Aparcamientos Carretas y plaza Mayor. ☎ 2220200).—4,45, 7, 10,15: **El loco, loco mundo del gendarme.** ¡Un Louis de Funes más ocurrente, más cascarrabias, más nervioso, más colosal! Tolerada.

ALCALA PALACE (Alcalá, 90. ☎ 4354608).— 4,30: **Mad Max-2 (El guerrero de la carretera).** En su nueva y más espectacular aventura. Mayores dieciocho años. 7 tarde actuación de Pedro Ruiz.

AMAYA (General Martínez Campos, 9).—4,15, 7 y 10: **Víctor o Victoria,** de Blake Edwards. Con Julie Andrews, James Garner y Robert Preston. «Una película que nos devuelve a la mejor época del cine de comedia». Mayores dieciséis años. Pases película: 4,30, 7,15, 10,15.

ARLEQUIN (San Bernardo, 5, semiesquina a Gran Vía) ☎2473173).—5, 7,30 y 10: **E. T. (El Extraterrestre).** Tolerada

a. ¿Qué has hecho esta tarde?

b. ¿A qué cine has ido?

c. ¿Qué película has visto?

d. ¿A qué sesión has ido?

4. Answer these questions about yourself.

    a. ¿Has visitado alguna vez un país latinoamericano?
    b. ¿Has vivido alguna vez en un país extranjero?
    c. ¿Has trabajado alguna vez? ¿En qué has trabajado?
    d. ¿Has aprendido ya bastante español?
    e. ¿Has decidido ya qué hacer en tus próximas vacaciones?

Now what questions would you ask to get these answers. Use *alguna vez* or *ya* as in the questions above.

No, no he visto nunca una película española.
Sí, he estado en México dos veces.
No, no he leido nunca un periódico en español.
Sí, ya he terminado mis exámenes.
No, todavía no he encontrado trabajo.

5. Read this dialogue between Julia and her friend Cristobál.

CRISTÓBAL !Hola¡ ¿Qué estás haciendo?

JULIA Estoy preparando un examen.

CRISTÓBAL ¿Y Raúl qué está haciendo?

JULIA El está escribiendo una carta.

Get together with another student to make up similiar dialogues using ideas such as these.

• estudiar español	• ordenar la habitación
• leer	• limpiar la casa
• ver la televisión	• lavar la ropa
• escuchar música	• planchar la ropa

B. In Section B of this Unit, you will practice asking and answering questions about future plans.

1. David is talking to his friend Clara.

DAVID ¿Qué vas a hacer esta tarde?

CLARA Diego y yo vamos a ir al teatro. ¿Y tú qué vas a hacer?

DAVID Voy a ir a la discoteca.

Work with another student to make up similar dialogues. Use ideas from the pictures below.

PISCINA   SAUNA   GIMNASIO   RESTAURANTE-PUB

2. Clara and Diego are going to the late show at the Teatro Barcelona. Look at the announcement below and then answer the questions, following the model.

¿Qué van a hacer esta tarde?
Vamos a ir al teatro.

TEATRO BARCELONA
Sábado, 10 Abril, tarde 6.30, noche, 10.45

ELISA RAMIREZ   VICENTE PARRA

en

«USTED NO ES GRETA GARBO»
de Diego Santllán

Unicamente hasta el día 2 Mayo

a. ¿A qué teatro van a ir?
b. ¿Qué obra van a ver?
c. ¿Quiénes actúan?
d. ¿Cuántas funciones hay?
e. ¿A qué función van a ir Uds.?
f. ¿Hasta cuándo va a estar esta obra en el Teatro Barcelona?

3. Read this letter written by Isabel, a Puerto Rican, to her brother.

San Juan, 20 de mayo de 19___

Querido hermano:

Hace mucho tiempo que no tenemos noticias tuyas. ¿Cuándo vas a escribirnos? Nosotros te recordamos mucho.

Te escribo para darte nuestra nueva dirección. Vamos a mudarnos a un nuevo apartamento, un poco más grande que el que tenemos ahora. Está en la Avenida Las Antillas, N°42, apartamento C. Nos vamos allí el día 1 de junio. Es un apartamento muy bonito y estoy segura que te va a gustar.

Tanto Julio como yo estamos muy contentos de mudarnos. Tú sabes que el lugar donde vivimos ahora es demasiado chico para nosotros. Además, vamos a estar mucho más cerca de nuestro trabajo.

Este verano vamos a quedarnos en San Juan. Con la compra del nuevo apartamento no nos va a quedar mucho dinero para salir de vacaciones. ¿Por qué no vienes a vernos?

Si ves a Carmen le dices que voy a escribirle muy pronto.

Muchos recuerdos para ti de Julio y los niños. Te abraza tu hermana.

Isabel

Preguntas

a. ¿Para qué le escribe Isabel a su hermano?
b. ¿Dónde está el nuevo apartamento?
c. ¿Cómo es?
d. ¿Cuándo se van a mudar?
e. ¿Por qué están contentos de mudarse?
f. ¿Qué va a hacer Isabel y su familia este verano?
g. ¿Por qué no van a salir de San Juan?
h. ¿A quién le va a escribir Isabel?

4. Señor Molina is a Mexican businessman. These are some of his activities for today.

HORA	ACTIVIDADES
10.00	Asistir a la reunión de la Junta Directiva.
11.00	Recibir al Sr. Miller que viene de Nueva York.
13.00	Almorzar con el Sr. Miller en el restaurante La Posada.
15.00	Llamar a Filadelfia y hablar con el Sr. Turner.
19.30	Asistir a la Función de Gala en el Teatro Nacional.

Now answer these questions about Sr. Molina's activities, following the model.

> ¿Qué va a hacer el Sr. Molina a las 10.00?
> A las 10.00 va a asistir a la reunión de la Junta Directiva.

Preguntas

a. ¿Qué va a hacer el Sr. Molina a las 10.00?
b. ¿A quién va a recibir a las 11.00?
c. ¿De dónde viene el Sr. Miller?
d. ¿Con quién va a almorzar a las 13.00?
e. ¿Dónde va a almorzar?
f. ¿A qué lugar va a llamar a las 15.00?
g. ¿Con quién va a hablar?
h. ¿Qué va a hacer a las 19.30?

Now get together with another student to ask and answer questions following the model.

> ¿Qué vas a hacer a las 10.00?
> Voy a asistir a la reunión de la Junta Directiva.

Continue in a similar way with other questions.

5. With one or more students, talk about your plans for the weekend. Use phrases like these.

- ¿Qué vas a hacer este fin de semana?
- El sábado por la mañana voy a . . .
- Por la tarde/noche voy a . . .
- El domingo voy a . . .

Unit Summary

1. Talking about actions that have occurred recently:

¿Qué has hecho esta tarde?
  He ido al cine.

2. Talking about activities happening right now:

¿Qué estás haciendo?
  Estoy preparando un examen.

3. Asking and answering questions about future plans:

¿Qué vas a hacer esta tarde?
  Voy a ir al teatro.

Structure and Vocabulary Review

1.

he has ha hemos han	(-*ar*) (-*er*) (-*ir*)	terminado los exámenes tenido mucho éxito recibido la carta

2.

¿ha(s)	(*ver*) (*hacer*) (*escribir*)	visto esta película? hecho algo? escrito la carta?

Note that the use of the perfect tense above is not compulsory. Another tense called the preterite (which you will learn in Unit 13) may also be used.

he terminado los exámenes
terminé los exámenes

he recibido la carta
recibí la carta

With words such as *alguna vez, nunca, todavía,* and *ya,* the perfect tense (not the preterite) is normally used.

¿has	vivido alguna vez en un país extranjero?
	recibido ya la carta?

no he vivido nunca en un país extranjero
todavía no he recibido la carta

3.

¿que está(s)	(-*ar*) buscando? (-*er*) haciendo? (-*ir*) escribiendo?

4.

estoy estás está estamos están	buscando trabajo leyendo viendo la televisión

5.

voy vas va vamos van	a	almorzar leer escribir

6.

¿dónde	va(n)	a	mudarse? quedarse? encontrarse?

12 ¿Qué harás?

A. In Section A of this Unit, you will learn to talk abut specific plans, with a special focus on travel.

1. Roberto and Elena are discussing their vacation plans for the next summer.

ELENA ¿Qué harás este verano?

ROBERTO Iré a los Estados Unidos.

ELENA ¿A qué parte irás?

ROBERTO A San Francisco. Tengo parientes allí.

ELENA ¿Estarás mucho tiempo?

ROBERTO Tres semanas solamente. Tengo que volver a México antes de fines de agosto.

ELENA ¿Cuándo saldrás de México?

ROBERTO El 3 de julio y volveré el 21.

ELENA Te quedarás en casa de tus parientes, ¿no?

ROBERTO Sí, me quedaré con una tía, una hermana de mi madre.

ELENA ¿Viajarás en avión o en autobús?

ROBERTO En autobús. Es más barato. ¿Y tú qué harás en tus vacaciones?

ELENA Aún no lo sé. Posiblemente iré con mi familia a la playa.

Give information about Roberto's vacation by answering these questions.

a. *Destino:* ¿A qué país y ciudad irá?
b. *Duración:* ¿Por cuánto tiempo irá?
c. *Salida:* ¿Cuándo saldrá de México?
d. *Vuelta:* ¿Cuándo volverá a México?
e. *Transporte:* ¿En qué viajará?

2. Now study the following description of the vacation plans of Sr. and Sra. García, who live in Madrid. Then answer the questions that follow.

SANTO DOMINGO CAPITAL

9 DIAS   **REPUBLICA DOMINICANA**

DIA 1.º - ESPAÑA-SANTO DOMINGO. Presentación en el aeropuerto y salida en avión de línea regular con destino a Santo Domingo. Cena a bordo. Llegada a primera hora de la mañana, traslado al hotel elegido y alojamiento. Copa de bienvenida.

DIAS 2.º al 7.º - SANTO DOMINGO. Estancia en régimen elegido y alojamiento.

DIA 8.º - SANTO DOMINGO-ESPAÑA. Mañana libre. A mediodía, traslado en autocar al aeropuerto y salida en avión de línea regular con destino a España.

DIA 9.º - ESPAÑA. Llegada y fin de nuestros servicios.

a. ¿A qué país irán los García?
b. ¿En qué ciudad pasarán sus vacaciones?
c. ¿Cuánto tiempo estarán allí?
d. ¿A qué hora llegarán a su destino?
e. ¿Dónde se quedarán en Santo Domingo?
f. ¿Qué día volverán a España?
g. ¿En qué viajarán?
h. ¿Cómo llegarán al aeropuerto para volver a España?

3. Now get together with one or two students to discuss your vacation. Use the guidelines that follow and begin with: *En mis vacaciones iré a. . . .*

Destino: _____

_____

Duración: _____

_____

Salida: _____

_____

Vuelta: _____

_____

Alojamiento: _____

_____

Transporte: _____

_____

Discuss any alternative travel plans for work, studies, and so on.

4. Read the travel plans that appear below. Imagine that this is a vacation that you and your family are taking. Say what you will do by answering the questions that follow.

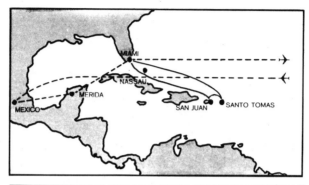

PROGRAMA DEL VIAJE: IT1AM2E046

Día 1.º (Mié.) MADRID - MEXICO. — Salida en avión de línea regular, clase turista, de la Compañía Aeroméxico, con destino a México. Llegada, traslado al hotel y alojamiento.

Día 2.º (Jue.) MEXICO. — Visita de la ciudad y Pirámides, día completo, con almuerzo incluido.

Día 3.º (Vie.) MEXICO. — Día libre.

Día 4.º (Sáb.) MEXICO. — Día libre. (Posibilidad de efectuar excursiones facultativas.)

Día 5.º (Dom.) MEXICO. — Día libre a disposición. Posibilidad de efectuar compras en los diferentes mercados típicos.

Día 6.º (Lun.) MEXICO - MERIDA. — Por la mañana, traslado al aeropuerto de México para salir con destino a Mérida. Llegada, traslado al hotel y alojamiento.

Día 7.º (Mar.) MERIDA. — Excursión a Uxmal y Kabah, día completo, con almuerzo incluido.

Día 8.º (Mié.) MERIDA. — Visita de Chichen-Itza, día completo, con almuerzo incluido.

Día 9.º (Jue.) MERIDA - MIAMI. — Mañana libre en Mérida. A primera hora de la tarde, traslado al aeropuerto para salir con destino a Miami. Llegada, traslado al hotel y alojamiento.

Día 10.º (Vie.) MIAMI. — Visita de la ciudad y Seaquárium, medio día.

Día 11.º (Sáb.) MIAMI. — Mañana libre. A primera hora de la tarde, traslado al puerto y embarque en el buque "Festivale".

a. ¿En qué línea aérea viajarán?
b. ¿Qué visitarán el segundo día?
c. ¿Qué podrán hacer el quinto día?
d. ¿Qué día visitarán Mérida?
e. ¿Saldrán por la mañana o por la tarde?
f. ¿Qué excursiones harán en Mérida?
g. ¿Cuándo irán a Chichen-Itza?
h. ¿Adónde viajarán desde Mérida?

B. In Section B of this Unit, you will have more practice talking about future plans. You will also learn the language used in making apologies, expressing cause and effect, and expressing purpose.

1. Mario telephones his friend Raúl to invite him to a soccer game.

RAÚL ¿Bueno?

MARIO ¿Raúl?

RAÚL Sí, soy yo.

MARIO Soy Mario. Te llamo para preguntarte si quieres venir al fútbol conmigo esta tarde. Juega el Mérida con un equipo de Veracruz.

RAÚL Lo siento mucho, pero no puedo salir porque tendré que ir al aeropuerto a esperar a mi hermano que llega de Chicago.

MARIO De acuerdo. ¿Tienes algo que hacer este domingo?

RAÚL No, nada. ¿Por qué?

MARIO Hay una carrera automovilística. ¿Quieres venir?

RAÚL ¿A qué hora es?

MARIO A las once de la mañana.

RAÚL Perfecto.

MARIO Pasaré a buscarte a las diez. Hasta el domingo entonces.

RAÚL Adiós.

Preguntas

a. ¿Por qué llama Mario a Raúl?
b. ¿Qué equipos juegan?
c. ¿Por qué no puede salir Raúl?
d. ¿Qué hay el domingo?
e. ¿A qué hora es la carrera?
f. ¿A qué hora pasará Mario a buscar a Raúl?

2. As you are going home from school, you meet an acquaintance you don't like very much. Provide your responses in Spanish.

CONOCIDO ¡Hola! ¿Qué tal?

USTED (*Answer his greeting.*)

CONOCIDO Qué bueno que te veo. ¿Tienes mucha prisa?

USTED (*Yes, you are in a hurry.*)

CONOCIDO ¿Tienes algo que hacer el sábado por la noche? Habrá una fiesta en mi casa y me gustaría que vinieras.

USTED (*Say you are very sorry but on Saturday you can't come. A friend will come for dinner that night.*)

CONOCIDO ¡Qué lástima! Para otra vez será.

USTED (*Thank him and say goodbye.*)

CONOCIDO Adiós.

3. Finish each sentence in Box A with an appropriate phrase from Box B.

A.

1. Lo siento, pero hoy no podré salir ya que iré a la peluquería

2. Siento mucho no poder acompañarte, pero tendré que ir al garaje

3. Lo siento muchísmo, pero mañana me quedaré con los niños de mi hermana

4. Siento no aceptar tu invitación, pero hoy acompañaré a mi madre a la modista

B.

a. porque ella y su marido irán al cine.

b. a cortarme el pelo.

c. porque quiere hacerse un vestido.

d. a buscar mi coche.

4. Get together with another student and imagine that a Spanish friend of yours has just arrived in your town for a week's vacation. You are discussing the arrangements for that week.

Diga qué lugares de su ciudad le enseñará.	monumentos museos parques	playas discotecas restaurantes, etc.
Qué excursiones harán.	al campo a la playa	a la montaña a otras ciudades, etc.
A qué espectáculos asistirán.	al cine al teatro	a conciertos al ballet, etc.

5. Imagine that you have applied for the job described in the ad below and that you have been accepted. Look at the ad, and then answer the questions that follow.

IMPORTANTE EMPRESA CINEMATOGRAFICA
PRECISA

SECRETARIA DIRECCION
BILINGÜE (900.000-1.000.000 Ptas. / año)

Se encargará de las funciones concernientes a Secretaria de Dirección, siendo responsable de las Comunicaciones con el Extranjero, Archivo de Dirección, Preparación de Reuniones, Convenciones, etc.

El perfil del puesto prevé una persona entre 20 y 30 años, con formación mínima de Bachiller Superior, experiencia de secretaria, con dominio de la lengua Inglesa, taquigrafía y mecanografía en ambos idiomas.

Se ofrece salario negociable a partir de 900.000 Ptas. / año, según valía de la candidata, jornada de trabajo de 5 días con horario de 8 a 15 h. Incorporación inmediata. Zona de trabajo céntrica.

---

a. ¿Para qué tipo de empresa trabajarás?

b. ¿Qué puesto ocuparás?

c. ¿Cuánto ganarás aproximadamente?

d. ¿De qué serás responsable?

e. ¿Cuantos días trabajarás?

f. ¿Cual será tu horario de trabajo?

g. ¿Estarás lejos del centro?

Unit Summary

---

1. Talking about specific plans:

¿Qué harás este verano?
   Iré a los Estados Unidos.

2. Apologizing:

Lo siento mucho.
Siento mucho no poder acompañarte.

3. Expressing cause and effect:

Hoy no podré salir ya que iré a la peluquería.
No puedo salir porque tendré que ir al aeropuerto.

4. Expressing purpose:

Te llamo para preguntarte si quieres venir al fútbol.
Tendré que ir al aeropuerto a esperar a mi hermano.

Structure and Vocabulary Review

1.

(yo)	(-*ar*) viajaré (-*er*) volveré (-*ir*) iré	a los Estados Unidos

2.

¿qué	harás hará harán	(tú)? (Ud.)? (Uds.)?

3.

(yo) saldré, vendré (nosotros) saldremos, vendremos	el 3 de julio

(yo) podré, tendré que (nosotros) podremos, tendremos que	hacer compras

4.

¿a qué parte ¿cuándo ¿a qué hora ¿con quién ¿por cuánto tiempo ¿en qué	irá(s)?

13 ¿Cuándo naciste?

A. In Section A of this Unit, you will learn to answer questions and give personal information about yourself and others concerning events in the past.

1. Ramón Alvarez is studying English at a language school in San José, Costa Rica. To become a student, he had to fill out an application form. Below is part of Ramón's application. Read it and answer the questions that follow.

SOLICITUD DE INSCRIPCIÓN

INSTITUTO DE IDIOMAS CERVANTES
Calle Los Laureles, 563
San José, Costa Rica
Tel. 371 43 90

Nombre: _Ramón Alvarez Hernández_

Dirección: _Avda. Las Américas, 67_ Apto. _25_

Ciudad: _San José_

Nacionalidad: _costarricense_

Idioma materno: _castellano_

Fecha de nacimiento: _21 de abril de 1965_

Lugar de nacimiento: _Alajuela_

Ocupación o actividad: _estudiante universitario_

Estudios de Enseñanza Básica realizados en: _Colegio_
San Ignacio, Alajuela Fechas _1971-1977_

Estudios de Enseñanza Media realizados en: _Colegio_
Simón Bolívar, San José Fechas _1978-1984_

Preguntas

a. ¿De dónde es Ramón?
b. ¿Cuál es su nacionalidad?
c. ¿En qué calle y ciudad vive?
d. ¿Cuál es su idioma materno?
e. ¿En qué fecha nació?
f. ¿Dónde nació?
g. ¿Qué hace Ramón actualmente?
h. ¿Dónde realizó sus estudios de Enseñanza Básica?
i. ¿Cuándo los hizo?
j. ¿Dónde realizó sus estudios de Enseñanza Media?
k. ¿Cuándo los hizo?

2. Draw up a similar application form and complete it with information about yourself. Then answer these questions as you would in an interview.

- ¿De que país es Ud.?
- ¿Cuál es su nacionalidad?
- ¿Cuál es su dirección?
- ¿Cuál es su idioma materno?
- ¿Cuándo nació?
- ¿Dónde nació?
- ¿Qué hace Ud. actualmente?
- ¿Dónde realizó sus estudios de Enseñanza Básica?
- ¿Dónde realizó sus estudios de Enseñanza Media?
- ¿Qué idiomas habla Ud. aparte de su lengua materna.
- ¿Dónde los aprendió?

3. Ask another student these questions.

a. ¿Dónde naciste?
b. ¿Cuándo naciste?
c. ¿Cuándo fuiste a la escuela por primera vez?
d. ¿A qué escuela fuiste?
e. ¿Cuándo comenzaste a estudiar español?

4. Report the results of your interview orally to the rest of the class. For example:

"(Barbara) nació en San Diego el 18 de noviembre de 1969. Ella fue por primera vez a la escuela en el año 1975. Fue a (*name of the school*). Barbara comenzó a estudiar español en el año 1982."

5. Study this biographical information about the Spanish painter Diego Velázquez.

Diego Velázquez fue un famoso pintor español que nació en Sevilla en el año 1599. En el año 1623 el Rey Felipe IV nombró a Velázquez pintor oficial de la casa real.

Entre las obras de este pintor están *El Aguador de Sevilla* (The Water Seller of Seville), *Cristo en la Casa de Marta y María* (Christ in the House of Martha and Mary), *Las Meninas* (The Maids of Honor) y muchas otras.

Velázquez murió en el año 1660.

You have to give a brief biographical talk about Francisco Goya, another Spanish painter. Study this information and use it in your presentation, following the preceding model.

Nombre:	Francisco Goya
Lugar de nacimiento:	Fuendetodos (Zaragoza)
Año de nacimiento:	1746
Año 1786:	el Rey Carlos III lo nombra pintor oficial
Algunas de sus obras:	*El Tres de Mayo* (The Third of May), *Los Desastres de la Guerra* (The Disasters of War), *La Vendimia* (The Grape Harvest)
Año de su muerte:	1828, en Burdeos.

B. In Section B of this Unit, you will have more practice asking and giving personal information concerning events in the past. You will also learn to say how long you have been in a place and how long you have been doing something.

1. Read this interview with Gustavo Lira, president of a sports club in Quito, Ecuador. Then answer the questions that follow.

PREGUNTA Sr. Lira, quisiera preguntarle cuánto tiempo lleva Ud. en el Club Deportivo Chimborazo.

RESPUESTA Déjeme pensar . . . en este Club llevo casi cinco años.

PREGUNTA ¿Y hace cuánto tiempo que es presidente del Club?

RESPUESTA Soy presidente desde hace un año y medio.

PREGUNTA ¿A qué actividad se dedica Ud., señor Lira, fuera de los deportes?

RESPUESTA Bueno, soy cajero del Banco Nacional del Ecuador aquí en la capital.

PREGUNTA ¿Lleva Ud. mucho tiempo trabajando allí?

RESPUESTA Llevo unos cuatro años, pero antes trabajé en el Banco Central durante dos años y medio. Ese fue mi primer trabajo.

PREGUNTA ¿Piensa Ud. continuar al frente del Club?

RESPUESTA Espero que sí.

Preguntas
a. ¿Cuánto tiempo lleva el Sr. Lira en el Club Deportivo?
b. ¿Hace cuánto tiempo que es presidente del Club?
c. ¿En qué trabaja el Sr. Lira?
d. ¿Cuánto tiempo lleva trabajando en el Banco Nacional?
e. ¿Dónde trabajó antes?
f. ¿Cuánto tiempo trabajó allí?

2. Answer these questions about yourself.

a. ¿En qué ciudad vives?
b. ¿Cuánto tiempo hace que vives en esta ciudad?
c. ¿En qué colegio estudias?
d. ¿Cuánto tiempo llevas en este colegio?
e. ¿Trabajas? ¿Dónde?
f. ¿Cuánto tiempo haces que trabajas en ese lugar?

3. Ask another student the questions above. Then report your results orally to the rest of the class.

"(David) vive en San Antonio desde hace diez años. Estudia en (*name of the school*). Lleva tres años en este colegio. Los fines de semana trabaja como vendedor en una zapatería. Hace seis meses que David trabaja allí."

4. At a party, you meet a Spanish-speaking person who lives in the same area as you. Complete your part of the conversation.

EL ¿Hace mucho tiempo que vives en este barrio?

USTED (*Say you've lived here for four years.*)

EL ¿Hace cuatro años? Pues, yo vivo aquí desde hace un año solamente.

USTED (*Ask which country he's from.*)

EL Soy del Uruguay. Mi familia es de Punta del Este. Es una ciudad muy bonita que está en la costa. Van muchos turistas allí.

USTED (*Ask him how long he's lived in this country.*)

EL Llevo dos años y medio aquí. Oye, pero tú hablas muy bien español. ¿Dónde estudias?

USTED (*Tell him where you are studying Spanish.*)

EL Tienes mucha habilidad para los idiomas. Para mí los idiomas extranjeros son muy difíciles. ¿Llevas mucho tiempo aprendiendo español?

USTED (*Tell him how long you've been learning Spanish.*)

EL Mi inglés es bastante malo todavía. Tengo muy mala pronunciación. ¿Puedes ayudarme?

USTED (*Say yes. Tell him that if he can help you with your Spanish you will help him with his English.*)

EL Magnífico.

Unit Summary

1. Answering questions about yourself in the past:

¿Cuándo nació (Ud.)/naciste (tú)?
  Nací el 21 de abril de 1963.

2. Asking questions and giving information about other people in the past:

¿Dónde nació Barbara?
  Nació en San Diego.

3. Saying how long you have been in a place:

¿Hace mucho tiempo que vives en este barrio?
  Hace cuatro años que vivo aquí.
  Vivo aquí desde hace cuatro años.
  Llevo dos años y medio aquí.

4. Saying how long you have been doing something:

¿Hace cuánto tiempo que estudias español?
  Hace cuatro años que estudio español.
  Estudio español desde hace cuatro años.

¿Cuánto tiempo llevas aprendiendo español?
  Llevo tres años aprendiendo español.

Structure and Vocabulary Review

1.

(yo) naci	en Costa Rica
(él, ella Ud.) nació	el 21 de abril de 1963

2.

(yo) comencé	mis estudios in 1976
(él, ella, Ud.) comenzó	a estudiar en 1969

3.

¿A qué colegio fuiste (tú)/fue (Ud.)?
Fui al Colegio San Ignacio.

4.

¿Qué estudios hiciste (tú)/hizo (Ud.)?
Hice estudios de español.

5.

¿Cuánto tiempo hace que Ud. es presidente?
Soy presidente desde hace un año y medio. Hace un año y medio que soy presidente.

6.

¿Cuánto tiempo lleva Ud. (trabajando) aquí?
Llevo cuatro años (trabajando) aquí.

14 Lo pasamos estupendamente

A. In Section A of this Unit, you will practice talking about past events.

1. Sr. and Sra. González are Mexican. They have just returned from a vacation in South America and are describing their trip to their friends Francisco and Nora.

FRANCISCO ¿Qué tal el viaje a Sudamérica?

SR. GONZÁLEZ Lo pasamos estupendamente. Nos gustó muchísimo Sudamérica.

NORA ¿Dónde estuvieron?

SRA. GONZÁLEZ Primero estuvimos unos días en Caracas. Nos quedamos en casa de un pariente de mi marido que vive allí desde hace varios años.

FRANCISCO ¿Qué les pareció Caracas?

SR. GONZÁLEZ Es una ciudad muy moderna, interesante, pero demasiado cara. No pudimos comprar nada.

FRANCISCO ¿Fueron a Colombia?

SRA. GONZÁLEZ Sí. Desde Caracas nos fuimos en avión a Bogotá. Allí nos alojamos en el Hotel El Dorado. Es excelente. Si alguna vez van a Bogotá, se lo recomiendo.

NORA ¿Estuvieron muchos días en Colombia?

SR. GONZÁLEZ Estuvimos diez días. Fuimos a Medellín y Cartagena. Cartagena nos encantó. Es una ciudad colonial y muy bonita, aunque hace demasiado calor.

NORA ¿Y de Colombia adónde fueron?

SRA. GONZÁLEZ Nos fuimos a Lima.

FRANCISCO ¿No visitaron el Ecuador?

SRA. GONZÁLEZ No, en el Ecuador no estuvimos. Volamos directamente a Lima. Nos quedamos tres días allí y luego tomamos un avión para Cuzco.

FRANCISCO Supongo que fueron a Machu Picchu, ¿no?

SR. GONZÁLEZ Naturalmente. Es un lugar impresionante. Tomamos muchas fotografías.

NORA El Perú fue el último país que visitaron, ¿verdad?

SR. GONZÁLEZ Sí, desde allí volvimos a México.

NORA ¿Cuánto tiempo hace que volvieron?

SR. GONZÁLEZ Hace ya una semana.

Preguntas

a. ¿Les gustó Sudamérica a los González?
b. ¿Dónde estuvieron primero?
c. ¿Con quién se quedaron en Caracas?
d. ¿Por qué no compraron nada?
e. ¿Qué país y ciudad visitaron después de Venezuela?
f. ¿En qué hotel se alojaron?
g. ¿Cuántos días estuvieron en Colombia?

h. ¿Qué otras ciudades visitaron?
i. ¿Qué les pareció Cartagena?
j. ¿Adónde fueron después de Colombia?
k. ¿Cuántos días pasaron en Lima?
l. ¿Qué hicieron en Machu Picchu?
m. ¿Cuándo volvieron a México?

2. Imagine that *you* went on the trip described above. You are describing your vacation to friends. Answer their questions. The conversation might go like this:

PREGUNTA: ¿Qué tal el viaje a Sudamérica? '

RESPUESTA: Lo pasé estupendo. Me gustó muchísimo Sudamérica.

PREGUNTA: ¿Dónde estuviste?

RESPUESTA: Primero estuve unos días en Caracas. Me quedé en casa de un pariente que vive allí desde hace varios años.

Now answer the rest of these questions.
a. ¿Qué te pareció Caracas?
b. ¿Fuiste a Colombia?
c. ¿Estuviste muchos días en Colombia?
d. ¿Y de Colombia adónde fuiste?
e. ¿No visitaste el Ecuador?
f. Supongo que fuiste a Machu Picchu, ¿no?
g. El Perú fue el último país que visitaste, ¿verdad?
h. ¿Cuánto tiempo hace que volviste?

3. Get together with one or more students and describe a vacation you once took. Use these questions as guidelines.
- ¿Adónde fuiste?
- ¿En qué viajaste?
- ¿Con quién fuiste?
- ¿Cuánto tiempo te quedaste?
- ¿Dónde te alojaste?
- ¿Qué hiciste durante las vacaciones?
- ¿Qué sitios visitaste?
- ¿Cuándo volviste?
- ¿Hace cuánto tiempo que volviste?

4. A Spanish-speaking person is visiting your town. He speaks no English and has asked you to serve as an interpreter during his stay. Your first task is to interpret for him and for a hotel clerk. So translate the clerk's words aloud into Spanish and the Spanish visitor's words into English, as if you were an actual interpreter.

RECEPCIONISTA (*Can I help you?*)

VIAJERO Sí, tengo una habitación reservada.

RECEPCIONISTA (*What's your name please?*)

VIAJERO Pedro Alcántara.

RECEPCIONISTA (*Just a minute, please. I'll check with the person in charge.*)

VIAJERO Sí, cómo no.

RECEPCIONISTA (*I'm sorry, but there isn't any reservation in your name. When did you make it?*)

VIAJERO Un amigo mío que vive en esta ciudad hizo la reserva la semana pasada.

RECEPCIONISTA (*Did he phone or did he come personally?*)

VIAJERO Tengo entendido que llamó por telefono.

RECEPCIONISTA (*Do you know which day that was?*)

VIAJERO Creo que llamó el miércoles por la mañana.

RECEPCIONISTA (*If you wait a minute, I'll see what I can do.*)

B. In Section B of this Unit, you will practice reporting past events. (Remember that in describing events that occurred in the recent past, either the perfect tense or the preterite can be used.) You will also learn to describe a process in the past.

1. On a visit to a town in Central America you buy a local paper. Two news items catch your attention. Read them and then answer the questions which follow.

El Presidente de Honduras Visita los Estados Unidos

Washington, 13 Julio. El Presidente de Honduras llegó hoy a esta capital para iniciar una visita de tres días por invitación de su colega norteamericano.

El mandatario hondureño llegó para fortalecer las relaciones de su país con Estados Unidos y obtener un mayor aporte financiero de Washington y las entidades crediticias internacionales. Honduras pasa por una difícil situación económica.

Preguntas

a. ¿Adónde llegó el Presidente de Honduras?
b. ¿Cuánto tiempo se quedará en esta ciudad?
c. ¿Quién lo invitó?
d. ¿Para qué vino el mandatario hondureño a los Estados Unidos?

Sorprenden a dos Mujeres Rateras

En el mismo día fueron aprehendidas dos mujeres, acusadas por robo en el Supermercado Montserrat de la calle Quinta de esta ciudad.

La primera de ellas, Rosa Perejil, con domicilio en Aguas Claras, 731, fue detenida en el establecimiento Montserrat por intentar sacar del comercio varios artículos sin pagar.

Momentos después, se detuvo en una de las cajas registradoras a Rogelia Peralillo, de 43 años de edad, con residencia en la Avenida Las Acacias, 412, por cambiar los precios de unas botellas de aceite de baño para pagarlas a un precio más bajo.

Preguntas

a. ¿Dónde fueron detenidas las dos mujeres?
b. ¿Por qué fue detenida la primera mujer?
c. ¿Dónde se detuvo a la segunda mujer?
d. ¿Por qué fue detenida?

2. A friend from Southern Spain invited you for a meal and gave you a delicious *gazpacho andaluz*. You asked him how he prepared it and he described the procedures.

"Bueno, todo lo que usé fue ¾ kilo de tomates, medio pimiento verde, un diente de ajo, dos cucharadas de vinagre, un decilitro de aceite, 100 gramos de pan del día anterior, un litro de agua y sal.

"Primero puse la miga de pan en remojo, luego la metí en la licuadora con el tomate en trozos, el pimiento y la sal. Después añadí el aceite, el vinagre y el agua fría. Batí todo hasta hacer una crema. En seguida pasé todo por el cedazo y por último lo metí en la nevera a enfriar."

Now you are the host(ess). Here is your recipe for *spaguetti a la florentina*. First of all, read the recipe to refresh your memory.

Ingredientes: 300 gramos de spaguetti, 4 lonchas de tocino, una cebolla, un diente de ajo, 4 tomates maduros, 5 cucharadas de aceite, pimienta, sal, albahaca.

Modo de hacerlo: Poner el aceite en una sartén. Dorar la cebolla y el ajo muy picados. Dorar el tocino cortado en trocitos. Añadir los tomates en trozos y dos ramitas de albahaca, pimienta y sal. Dejar cocer a fuego lento unos 15 minutos. Cocer los spaguetti con abundante agua con sal. Escurrir los spaguetti y mezclarlos con la salsa.

Now, describe to your friends how you prepared this dish, using the first example as a guide:

"Primero puse el aceite en una sartén, luego . . ."

Unit Summary

1. Talking about past events:

¿Dónde estuvieron?
   Primero estuvimos unos días en Caracas.

2. Reporting past events:

¿Dónde fueron detenidas las dos mujeres?
   Fueron detenidas en el Supermercado Montserrat.

3. Describing a process in the past:

Primero puse la miga de pan en remojo, luego la metí en la licuadora. . . .

Structure and Vocabulary Review

1.

(yo)	estuve	en Sudamérica
(él, ella, Ud.)	estuvo	en Caracas
(nosotros)	estuvimos	

2.

me gustó	mucho Sudamérica
le gustó	la ciudad de Cartagena
nos gustó	

3.

(yo)	me quedé	tres días allí
(él, ella, Ud.)	se quedó	con un pariente
(nosotros)	nos quedamos	

4.

la segunda mujer	fue detenida	en la caja registradora
las dos mujeres	fueron detenidas	en el supermercado

5.

¿Cuánto tiempo hace que volvieron?
Hace una semana que volvimos. Volvimos hace una semana.

15 ¿Qué hacía usted?

A. In Section A of this Unit, you will practice describing repeated or habitual actions in the past.

EMPRESA NACIONAL DE JOYERIA EN PLENA EXPANSION COMERCIAL

SOLICITA

VENDEDOR

para Madrid

Ofrecemos:
- Productos de primera línea.
- Ingresos del orden de 1.500.000 pesetas entre comisiones e incentivos.
- Cartera de clientes.

Buscamos un profesional de la venta. No necesariamente perteneciente al Sector. Capaz de ofrecer resultados acordes con la categoría de nuestros productos y de responsabilizarse en su Zona de la política comercial de la Compañía.

Rogamos a los interesados nos dirijan carta manuscrita, con historial detallado, teléfono y fotografía reciente, al Apartado 13.219 de Madrid.

---

1. Alfonso Cárdenas is from Malaga. He has just moved to Madrid and is applying for a job as a salesman. This is part of Alfonso's job interview.

JEFE DE VENTAS Buenos días. Siéntese, por favor.

ALFONSO Gracias.

JEFE DE VENTAS ¿Cuál es su nombre?

ALFONSO Alfonso Cárdenas Godoy.

JEFE DE VENTAS Sr. Cárdenas, Ud. está interesado en el puesto de vendedor, ¿verdad? ¿Tiene experiencia en este tipo de trabajo?

ALFONSO Bueno, yo trabajaba como vendedor en una firma que distribuía artículos electrodomésticos.

JEFE DE VENTAS ¿Aquí en Madrid?

ALFONSO No, en Málaga. Yo vivía en Málaga. Me vine a Madrid hace sólo tres meses.

JEFE DE VENTAS ¿Qué hacía Ud. exactamente en la firma?

ALFONSO Visitaba a los clientes, les ofrecía los nuevos productos, hacía demostraciones sobre su uso, discutíamos precios y acordabamos facilidades de pago. Además, trataba de conseguir nuevos clientes para la firma.

JEFE DE VENTAS ¿Cuánto le pagaban en esa compañía?

ALFONSO Ganaba ochocientas mil pesetas anuales.

JEFE DE VENTAS ¿Qué beneficios tenía Ud. en la firma?

ALFONSO Pues, aparte de las vacaciones, que tenía cuatro semanas por año, me daban una comisión de un dos por ciento sobre las ventas. Además recibía una paga extraordinaria dos o tres veces al año.

Preguntas

a. ¿Qué trabajo hacía Alfonso antes de venir a Madrid?
b. ¿Dónde vivía?
c. ¿Cuándo se vino a Madrid?
d. ¿Qué hacía exactamente en la firma?
e. ¿Cuánto ganaba?
f. ¿Cuántas semanas de vacaciones tenía?
g. ¿Cuánto le daban de comisión?
h. ¿Qué otro beneficio recibía?

2. Emilio Ramos was born in Tegucigalpa, the capital of Honduras, but he now lives with his parents in the United States. Read this passage to find out what Emilio used to do in Tegucigalpa.

"Yo vivía en Tegucigalpa, en la calle Maya, 186 y estudiaba en el Instituto Panamericano. Por la mañana tenía clases de 9.00 a 12.00. Por la tarde empezaba a las 2.00 y terminaba a las 5.00.

"Después de las clases, normalmente hacía los deberes, salía con amigos o miraba la televisión. Los fines de semana hacía deportes o iba al cine."

Now look at this information about Anita, a girl from Guatemala City. Then tell the rest of the class what Anita used to do. Start by saying:
"Anita vivía en Ciudad de Guatemala. . . ."

Nombre	Anita Vergara
Ciudad	Ciudad de Guatemala
Dirección	Avenida Central, 37
Colegio	Colegio El Pastor
Horario de estudios	8.30–12.30 y 2.30–5.30
Actividades	Después de las clases: hacer los deberes, ayudar en casa, escuchar música
	Fines de semana: salir de compras, visitar a alguna amiga, leer

3. Imagine you have just graduated and are now spending a year in a Spanish-speaking country. You meet someone who would like to know about your life in your country. Answer these questions.

- ¿Dónde vivías?
- ¿Vivías con tus padres?
- ¿Dónde estudiabas?
- ¿Qué estudiabas?
- ¿Qué horario de clases tenías?
- ¿Te gustaba el colegio?
- ¿Qué asignaturas te gustaban más?

- ¿Qué hacías en tu tiempo libre?
- ¿Qué hacías en tus vacaciones?
- ¿Tenías muchos amigos?
- ¿No trabajabas?

4. Get together with one or two students and ask the questions above. Then report the answers to the class, describing what your partner(s) used to do. You might begin your report like this:

"(Isabel) vivía en Houston con sus padres. Estudiaba en. . . ."

B. In Section B of this Unit, you will learn to describe places and people in the past.

1. In 1940, Pedro Riquelme, a Mexican, used to live in a small town called Roble Quemado. This is how Sr. Riquelme describes the town as he remembers it.

"El pueblo donde yo vivía se llamaba Roble Quemado. En el año 1940 el pueblo tenía unos tres mil habitantes. La mayoría de la gente se dedicaba a la artesanía. Mi padre era carpintero.

"Para ir de Roble Quemado a la capital se tardaba ocho horas. Había un tren cada día.

"Mi casa estaba enfrente de la estación. Era una casa pequeña. Tenía dos dormitorios, un salón-comedor, el baño y la cocina. Detrás de la casa había un jardín con muchas flores."

Preguntas

a. ¿Dónde vivía Pedro Riquelme en 1940?
b. ¿Cuántos habitantes tenía el pueblo?
c. ¿A qué se dedicaba la mayoría de la gente?
d. ¿En qué trabajaba el padre del Sr. Riquelme?
e. ¿Cuántas horas se tardaba de Roble Quemado a la capital?
f. ¿Cuántos trenes había cada día?
g. ¿Dónde estaba la casa de Pedro Riquelme?
h. ¿Cómo era la casa?
i. ¿Cuántas habitaciones tenía?
j. ¿Qué había detrás de la casa?

2. Silvia Martínez, a Colombian, describes the place where she used to live. Describe her town and house using the information below.

El Pueblo

Nombre _Nogales_
Año _1946_
Habitantes _4.500_
Actividad principal _la agricultura_
Actividad del padre _labrador_
Nogales a Bogotá _6 horas (2 autobuses diarios)_

La Casa

Situación _al lado de Correos_
Descripción _grande y cómoda_
Habitaciones _4 dormitorios, sala, comedor, baño y cocina_
Detrás de la casa _patio con árboles frutales_
Delante de la casa _jardín con plantas y flores_

3. You have recently come back from a vacation on Menorca, an island off the coast of Spain. A Spanish-speaking friend is thinking of going there with her husband and children. She would like to know something about the hotel where you stayed. Read this description of the hotel. Then answer her questions.

Hotel de 1.ª Categoría,
4 estrellas, con aire acondicionado
en todo el hotel. Piscina con solarium
y piscina cubierta climatizada,
ambas con pileta infantil. Parque
y guardería infantil. Discoteca.
Boutique. Peluquería de señoras. Sauna.
Todas las habitaciones con aire
acondicionado y vista al mar.
Posibilidad de deportes náuticos.

 APARTADO DE CORREOS, 143

 37 14 50/51/75/76

Preguntas

a. ¿De qué categoría era el hotel?
b. ¿Tenía aire acondicionado?
c. ¿Había piscina?
d. ¿Qué facilidades había para niños?
e. ¿Había algún lugar adonde ir por la noche?
f. ¿Había una buena vista desde las habitaciones?
g. ¿Había facilidades para hacer deportes?
h. ¿Adónde puedo escribir para reservar una habitación?
i. ¿Tienes el teléfono del hotel?

4. Study this description of a person.

"Tenía 24 años, era moreno, tenía los ojos verdes y era más bien alto. Era bastante guapo, muy simpático y tenía un excelente sentido del humor."

Use some of the words below to describe a person you used to know.

era	moreno (a) rubio (a) pelirrojo (a) canoso (a)	era	alto (a) bajo (a) gordo (a) delgado (a)

era	guapo (a) feo (a) simpático (a) antipático (a)	era	divertido (a) aburrido (a) inteligente interesante

tenía los ojos	verdes azules negros marrones

Unit Summary

1. Describing repeated or habitual actions in the past:

¿Qué hacía Ud. en la firma?
  Visitaba a los clientes, les ofrecía los nuevos productos. . . .

2. Describing places in the past:

¿Cuántos habitantes tenía el pueblo in 1940?
  Roble Quemado tenía unos tres mil habitantes.

3. Describing people in the past:

Tenía 24 años, era moreno, tenía los ojos verdes. . . .

Structure and Vocabulary Review

1.

yo, él, ella, Ud.	
(-*ar*) trabajaba	como vendedor (a)
(-*er*) ofrecía	los nuevos productos
(-*ir*) discutía	los precios

2. Ir

iba	al cine al colegio de compras

3. Ser

el hotel	era	grande bueno de primera categoría

4.

él, ella	era	moreno (a) alto (a) guapo (a)

16 ¿Qué ha hecho usted?

A. In Section A of this Unit, you will practice asking and answering questions about recent trends, events, and activities.

1. Read this interview with María Ines Rojas, leader of a Spanish feminist organization.

María Inés Rojas

PERIODISTA
¿Por qué se ha interesado Ud. por el problema de la mujer en la sociedad?

MARÍA INÉS ROJAS
Me he dado cuenta de que nuestra sociedad ha sido y continúa siendo injusta con respecto a la mujer. Creo que todos tenemos la responsabilidad de cambiar esta situación.

PERIODISTA
¿Por qué ha considerado necesario formar parte de una organización feminista?

MARÍA INÉS ROJAS
Porque estimo que es la mejor manera de hacernos oír. No podemos esperar a que los hombres hagan los cambios a que aspiramos, ya que ellos por ser hombres no pueden sentir nuestros problemas.

PERIODISTA
¿Cree Ud. que las actitudes de la sociedad española hacia la mujer han cambiado?

MARÍA INÉS ROJAS
Pienso que se ha avanzado mucho en este aspecto, pero todavía queda mucho por hacer. A pesar de los cambios políticos que nuestro país ha vivido en los últimos años, la prensa, la radio y la televisión han hecho muy poco por cambiar la imagen que se tiene de la mujer. Tanto los medios de comunicación como los libros de textos siguen condicionando a la mujer a cumplir su papel tradicional de ama de casa.

Preguntas

a. Como feminista, ¿qué piensa María Inés Rojas con respecto a la sociedad?

b. Según ella, ¿de quién es la responsabilidad de cambiar la situación actual?

c. ¿Por qué pertenece a una organización feminista?

d. Según ella, ¿por qué no se puede esperar a que los hombres hagan los cambios?

e. ¿Qué piensa ella con respecto a las actitudes de la sociedad española hacia la mujer?

f. ¿Por qué culpa ella a la prensa, la radio y la televisión?

g. Según ella, ¿qué hacen los medios de comunicación y los libros de textos?

2. Glancing through a magazine in Spanish, you find the following questionnaire. It seems interesting and you decide to answer it.

• CUESTIONARIO •

Sí	No	En los ultimos 7 días, ¿cuántas horas ha dedicado a esta actividad?	
☐	☐	¿Ha leído?	_____
☐	☐	¿Ha oído la radio?	_____
☐	☐	¿Ha visto la televisión?	_____
☐	☐	¿Ha hecho deportes?	_____
☐	☐	¿Ha participado en alguna actividad social?	_____
☐	☐	¿Ha ido al cine u otro espectáculo?	_____
☐	☐	¿Ha asistido a alguna actividad cultural?	_____
☐	☐	¿Ha dedicado tiempo a otras actividades, aparte de las normales? ¿A qué actividades?	_____

Together with four or more students, fill out the questionnaire. Then report your findings back to the class. Give answers to these questions in your report.

- ¿A qué actividad han dedicado más tiempo la mayoría de los estudiantes?
- ¿Cuál ha sido la segunda actividad más popular?
- ¿A qué actividad han dedicado menos tiempo?
- ¿Qué otras actividades han mencionado?
- ¿Cuántas horas ha dedicado a ellas cada estudiante?

3. Read this letter sent by Cristián García, from Puerto Rico, to a pen pal.

San Juan, 15 de setiembre de 19____

Querida Patricia:

He recibido tu carta y me alegro mucho de que estés bien.

Mis vacaciones ya han terminado y hoy hemos comenzado nuevamente las clases. En la mañana ha habido una asamblea de todo el colegio, tanto alumnos como profesores, y he conocido a algunos de mis nuevos compañeros de clase. Todos parecen muy simpáticos. Nos hemos divertido mucho hablando de nuestras vacaciones.

Por la tarde hemos tenido clases de historia, de inglés y de educación física. Tenemos algunas asignaturas optativas y me he matriculado en un curso de mecanografía. He pensado que puede serme útil en el futuro cuando quiera encontrar trabajo.

¿Y tú qué tal? ¿Qué has hecho este verano? ¿Has comenzado ya tus clases?

Les he dado tus saludos a mis padres y ellos te envían muchos recuerdos. Escríbeme y cuéntame sobre tus vacaciones y tus nuevos compañeros.

Abrazos,

Cristián

Preguntas

a. ¿Ha tenido clases por la mañana Cristián?
b. ¿Qué ha habido en el colegio?
c. ¿Quiénes han asistido a la asamblea?
d. ¿De qué han hablado Cristián y sus compañeros?
e. ¿Qué clases ha tenido por la tarde?
f. ¿En qué curso se ha matriculado?
g. ¿Por qué se ha matriculado en este curso?

4. Imagine that you have had a very active weekend. You have been to a party; you have gone to the movies; and you have gone out to do some shopping, among other things. Tell the rest of the class about these activities. The following questions should serve as a guide.

- ¿Cuándo has ido a una fiesta?
- ¿Dónde ha sido la fiesta?
- ¿Te has divertido mucho?
- ¿Has conocido gente allí?
- ¿A qué hora has vuelto a casa?

- ¿Cuándo has ido al cine?
- ¿A qué cine has ido?
- ¿Qué película has visto?
- ¿Te ha gustado? ¿Por qué?

- ¿Cuándo has ido de compras?
- ¿Adónde has ido?
- ¿Con quién has ido?
- ¿Qué has comprado?
- ¿Has gastado mucho dinero?

You may also mention other things that you have done.

B. In Section B of this Unit, you will have more practice talking about recent trends and events. You will also learn to make comparisons.

1. Read this interview with a South American politician.

PERIODISTA En términos generales, ¿cree Ud. que el último año ha sido mejor or peor para su país?

POLÍTICO Creo que ha sido mejor, pues nuestro país se ha afirmado políticamente, ha habido mayor estabilidad que en el pasado.

PERIODISTA ¿Y en el aspecto económico?

POLÍTICO Bueno, en lo económico estimo que la situación no ha sido tan favorable, ya que ha aumentado el desempleo, se han cerrado más industrias y ha habido un aumento de huelgas y conflictos laborales. Como aspecto positivo hay que mencionar que la inflación ha bajado y continúa bajando.

PERIODISTA ¿Cree Ud. que la situación económica mejorará o empeorará en el curso de este año?

POLÍTICO Creo que hemos llegado al fin de la crisis y que en el futuro la situación económica mejorará.

Preguntas

a. ¿Por qué cree el político que el último año ha sido mejor para su país?
b. ¿Qué piensa con respecto a la situación económica?
c. ¿Por qué no ha sido favorable?
d. ¿Qué ha pasado con respecto a la inflación?
e. ¿Cree el político que la crisis económica continuará?

2. Pilar Echeverría has just returned home to Santo Domingo after spending a year in an English-speaking country. Read this passage to find out what Pilar thought of her experience abroad.

"He pasado un año fuera de Santo Domingo. Pienso que ha sido una experiencia muy interesante ya que me ha permitido conocer mucha gente diferente y hacerme de muy buenos amigos.

"Aunque he echado de menos a mis padres y hermanos, creo que ha sido bueno para mí vivir durante algún tiempo lejos de ellos. La familia con que yo estaba no era tan estricta como mis padres y, en general, tenía más libertad para relacionarme con otros chicos y chicas, salir a fiestas y viajar a otros lugares.

"Naturalmente he echado de menos algunas cosas de mi país. Lo más difícil ha sido acostumbrarme a las comidas y a

los horarios. En casa acostumbramos a comer y cenar mucho
más tarde.

"También he echado de menos el sol y el calor. Allí hacía
demasiado frío en invierno y llovía mucho más."

Tell the rest of the class about Pilar's experience abroad. Begin your
story by following the narrative below.

"Pilar ha pasado un año fuera de Santo Domingo. Ella piensa
que ha sido una experiencia muy interesante ya que. . . ."

3. Imagine you have just returned home after a year with a family
in a Spanish-speaking country. Tell your friends about your experience abroad. Here are certain things you may have liked about your
stay or may have missed from home.

EL PAISAJE   LA COMIDA   LA FAMILIA

LAS TIENDAS   LOS AMIGOS   LOS PARQUES   EL TIEMPO

In your presentation, you may use phrases like these.

- Pienso que ha sido interesante (poco interesante)
- vivir en el extranjero porque . . .
- Lo que más me ha gustado ha sido . . . porque . . .
- Lo que más he echado de menos ha sido . . . porque . . .
- Lo más difícil (fácil) ha sido . . .

Unit Summary

1. Asking and answering questions about:

(a) *recent trends*
   ¿Cree Ud. que las actitudes de la sociedad española hacia la mujer han cambiado?
   Pienso que se ha avanzado mucho en este aspecto.

(b) *recent events*
   ¿Qué ha habido en el colegio?
   Ha habido una asamblea.

(c) *recent activities*
   ¿Has hecho deportes en los últimos siete días?
   Sí, he hecho deportes.

2. Making comparisons:
   ¿Cree Ud. que el último año ha sido mejor o peor para su país?
   Creo que ha sido mejor.

Structure and Vocabulary Review

1.

(yo)	he	(-*ar*) comenzado las clases
(él, ella, Ud.)	ha	(-*er*) leído mucho
		(*ir*) recibido la carta

2.

¿has	(*ver*) visto la televisión?
	(*hacer*) hecho deportes?
	(*volver*) vuelto a tu país?

3.

me			la comida
te	ha	gustado	la gente
le			el tiempo

4.

ha	habido	más	estabilidad
		menos	
		mayor	
		menor	

5.

la situación	ha	sido	buena mala mejor peor

6.

la familia es	más menos	estricta que	mis padres

7.

la familia	(no)	es tan estricta	como mis padres
la cena	(no)	es tan tarde	como aquí

17 Deje una luz encendida

A. In Section A of this Unit, you will practice making suggestions and giving instructions.

1. Look at these alternative ways of making suggestions.

• COMO PROTEGERSE • DE LOS LADRONES

- Por la noche mantenga una luz o farol encendido fuera de la casa.

- Deje una luz encendida dentro de la casa cuando salga por la noche.

- No ponga cosas de valor cerca de las ventanas.

- Tenga a mano el número de teléfono del cuartel de policía más cercano.

- Por la noche mantener una luz or farol encendido fuera de la casa.

- Dejar una luz encendida dentro de la casa al salir por la noche.

- No poner cosas de valor cerca de las ventanas.

- Tener a mano el número de teléfono del cuartel de policía más cercano.

Now change the suggestions below into the alternative form.

a. Tratar de mantener siempre un aspecto de casa habitada.
b. No dejar nunca una llave de la casa escondida cerca de la puerta principal.
c. Tener la puerta siempre bien cerrada aun cuando esté en casa.
d. No abrir la puerta del apartamento hasta saber quién llama.
e. Ser discreto al hablar de planes de viaje.
f. Dejar una llave con un vecino para casos de emergencia.
g. Pedir a algún vecino que cuide la casa.
h. Pedir a algún vecino o amigo que recoja las cartas.

2. Read these suggestions for safe driving.

Consejos útiles para conductores

- Evite comer mucho antes de conducir.
- No tome nada de alcohol.
- No conduzca durante muchas horas sin descansar.
- Use siempre su cinturón de seguridad al conducir.
- No cargue excesivamente su coche.
- Cuando conduzca en caravana sea prudente y mantenga las distancias apropiadas.
- Evite los cambios de carril.
- No sobrepase a más de dos vehículos.
- Preste atención a los agentes de tráfico.

A friend of yours is a rather careless driver. She is going away on vacation in her car. Before she leaves, you decide to give her a few words of warning. Use the suggestions above in the familiar form. Follow the model and continue.

- Evita comer mucho antes de conducir.
- No tomes nada de alcohol.

3. Will you be going on vacation soon? Then read these suggestions for packing.

VACACIONES
¿Sabes hacer
las maletas?

Recuerda:

En vez de utilizar una maleta grande y pesada, utiliza dos medianas y ligeras.

Lleva sólo lo indispensable.

Pon las chaquetas, faldas y/o pantalones en el fondo de la maleta.

Pon los pijamas y las zapatillas encima de todo. Así, cuando llegues muy tarde a tu destino, no tendrás que deshacer la maleta antes de dormir.

En los rincones de la maleta pon los calcetines, las medias, y los pañuelos y otros artículos pequeños.

Pon los zapatos en una bolsa, así no te ensuciarán la ropa.

Lleva los artículos de tocador en un estuche o en alguna maletita especial.

No pongas el dinero ni tus documentos en la maleta; ponlos en una bolsa o cartera especial.

Ten siempre a mano la bolsa o cartera donde llevas el dinero y tus documentos.

Ten también a mano algunas tabletas para el mareo o el dolor de cabeza.

Finalmente, haz siempre tus maletas con tranquilidad y en forma ordenada.

You are going on vacation with a Spanish-speaking friend. Your friend is not a very practical person, and he needs some help with the packing. Look at the suggestions on the preceding page to answer his questions. Follow the model and continue.

Preguntas

¿Dónde pongo los pantalones?
¿Pongo el dinero en la maleta?

Respuestas

Ponlos en el fondo de la maleta.
No lo pongas en la maleta; ponlo en una cartera especial.

    a. ¿Dónde pongo las chaquetas?
    b. ¿Dónde pongo los pijamas?
    c. ¿Pongo las zapatillas debajo de todo?
    d. ¿Dónde pongo los calcetines y los pañuelos?
    e. ¿Dónde llevo los artículos de tocador?
    f. ¿Pongo los documentos en la maleta?

4. Before you go away on vacation, you decide to ask a friend to look after your house. Make sense of these instructions by matching each verb in Column A with the appropriate phrase in Column B.

Column A	Column B
Enciende	a quienes me llamen que vuelvo el 15.
Recoge	las plantas.
Da de comer	una luz por la noche.
Saca a pasear	todo limpio cuando yo vuelva.
Riega	al gato.
Di	mis cartas.
Ten	al perro.

B. In Section B of this Unit, you will practice making requests and offers.

1. Read this hotel information and the accompanying letter.

---

en Cabo San Lucas los mejores HOTELES

HOTEL CABO SAN LUCAS: 125 habitaciones. - Domicilio conocido. - Aire acondicionado. - Servicio de vallet. - Room service. - Teléfonos. - Cafetería. - Restaurante. - Bar. - Centro Nocturno. - Salón para banquetes y convenciones para 200 personas. - Estacionamiento. - Peluquería. - Salón de belleza.- Tiendas. - Alberca. - Golf. - Tenis. - Caballos, cacería, pesca, playa, tiro de disco. - Villas privadas en la playa, de lujo con 3, 4 y 6 recámaras, estancia con chimenea. - Pista para avionetas.

Dallas, 5 de julio de 19____

Hotel Cabo San Lucas
Avenida Costanera, 89
Cabo San Lucas
México

Muy señor mío:

   Les ruego que me reserven una habitación doble, por dos semanas, a partir del 15 de agosto próximo. Les agradeceré que me confirmen la reserva a la brevedad posible.

   Les saluda muy atentamente,

   Robert Smith

Preguntas

a. ¿Qué tipo de habitación quiere el Sr. Smith que le reserven?
b. ¿Para cuánto tiempo la quiere?
c. ¿A partir de cuándo?
d. ¿Qué quiere el Sr. Smith que haga el hotel?

2. You are staying with friends in a Spanish-speaking country. One of your friends is going out, and you ask him to do certain things for you.

"Quiero que eches (*echar*) estas cartas en el buzón, que me compres (*comprarme*) el periódico de hoy y que me traigas (*traerme*) diez sobres de la papelería . . ."

Now ask your friend to do these things for you, using the appropriate form of the verb in parentheses.

"Quiero que (*llevar*) esta ropa a la lavandería, que (*depositar*) este dinero en el banco, que (*cambiar*) este cheque y que (*traerme*) dos aguas minerales de la botillería".

3. In a book she was reading, Violeta Robles found this card from the publishers. She decided it was best to telephone to request information about their new publications. Read the dialogue that follows.

Amable lector:

Esta tarjeta que Vd. ha encontrado en SU LIBRO, LE DA DERECHO a recibir información completa y detallada sobre:

☑ Literatura española e Hispanoamericana	☐ Historia
☐ Novela extranjera	☐ Política
☐ Ensayo y crítica	☐ Filosofía, Psicología, Pedagogía
	☐ Sociología, Antropología

☐ Derecho	
☐ Economía	☐ Geografía
☐ Economía de la Empresa y Seguros	☐ Ciencias y Técnica

☑ Y también a recibir información periódica de Novedades.

SOLICITELAS

ESTARAN SIEMPRE A SU DISPOSICION.

Gracias

SECRETARIA ¡Dígame!

VIOLETA Buenos días. Quiero que me envíe información sobre sus nuevas publicaciones, por favor.

SECRETARIA ¿Qué tipo de información le interesa a Ud.?

VIOLETA Quiero que me mande una lista de sus nuevos libros de literatura española e hispanoamericana.

SECRETARIA Sí, cómo no. ¿Quiere que le mandemos también información periódica de Novedades?

VIOLETA Sí, por favor.

SECRETARIA ¿Y a qué nombre se la envío?

VIOLETA A nombre de Violeta Robles.

SECRETARIA ¿A qué dirección?

VIOLETA Calle Matorral, 321, apartamento 12, Valencia.

SECRETARIA Muy bien, hoy mismo le enviaré nuestro catálogo más reciente.

VIOLETA Gracias. Adiós.

SECRETARIA Adiós.

Imagine that you are requesting similar information on another subject. With another student, make up a conversation following the model above.

Unit Summary

1. Making suggestions:

Mantenga una luz o farol encendido fuera de la casa.
Evite comer mucho antes de conducir.

2. Giving instructions:

Recoge mis cartas.
Riega las plantas.

3. Making requests:

Quiero que eches estas cartas en el buzón.
Quiero que me envíe información sobre sus nuevas publicaciones.

4. Making offers:

¿Quiere que le mandemos también información periódica de Novedades?
¿Quiere que le enviemos nuestro catálogo?

Structure and Vocabulary Review

1.

(-*ar*) deje (Ud.)	una luz encendida
(-*er*) recoja (Ud.)	las cartas
(-*ir*) escriba (Ud.)	su nombre

2.

Present Tense	**Command Form (*Ud.*)**
mantengo	Mantenga una luz encendida.
tengo	Tenga a mano el número de teléfono.
pido	Pida el favor a su vecino.
pongo	No ponga cosas de valor cerca de la ventana.
conduzco	No conduzca durante muchas horas.

3.

(-*ar*) lleva (tú)	lo indispensable
(-*er*) enciende (tú)	una luz
(-*ir*) escribe (tú)	tu nombre

4.

no lleves (tú)	mucha ropa
no enciendas (tú)	la luz
no escribas (tú)	tu nombre

5.

Infinitive	Irregular command form (*tú*)
poner	Pon* las chaquetas en el fondo.
tener	Ten a mano algunas tabletas.
hacer	Haz tus maletas con tranquilidad.
decir	Di a quienes me llamen que vuelvo el 15.

*Note: The negative command forms (*tú*) of these verbs are: *no pongas, no tengas, no hagas,* and *no digas.*

6.

quiero que	me	envíe	información
¿quiere que	le	mande	un catálogo?

18 Quisiera alquilar un coche

A. In Section A of this Unit, you will practice specifying requirements. You will also become familiar with the language used in recommendations and suggestions.

1. Look at this car rental information.

TARIFAS - RATES   **Vigor: Mayo**

Grupo Group	Marca Make	Asientos Seats	Kilómetros ilimitados Unlimited Mileage			
			Por hora Per hour	Por día Per day	Por semana Per Week	(2) Día comercial Commercial day 08:00 to 21:00
A	PANDA 35-E	4	500	2.500	15.000	2.000
B	FORD FIESTA-N FURA CL	4/5	580	2.900	17.400	2.320
C	FORD FIESTA-L RENAULT 5-TLC	4/5	670	3.350	20.100	2.680
D	HORIZON GL RENAULT 14-GTL F. ESCORT L-1.1	5	760	3.800	22.800	3.040
E	SEAT 131 TALBOT 150-LS HORIZON GL 🚗	5	920	4.600	27.600	—
F	SOLARA GL (1) SEAT 131-F (S.W.)	5	1.080	5.400	32.400	—
G(1)	TAUNUS 2.0-GL RENAULT 18-GTS ❄	5	1.220	6.100	36.600	—
H(1)	SEAT 132 🚗 ❄	5	1.360	6.800	40.800	—

(1) Disponible sólo en Mallorca
(2) Sólo aplicable en Aeropuertos
    Cargo mínimo, un día
🚗 Automático
❄ Aire acondicionado

(1) Available only at Mallorca
(2) Applicable only at Airport
    Minimum charge, one day
🚗 Automatic
❄ Air conditioned

Now study this conversation between a tourist and an employee at a car rental company in Mallorca, Spain.

TURISTA Buenos días. Estoy de vacaciones aquí en Mallorca y quisiera alquilar un coche.

EMPLEADO ¿Qué tipo de coche desea usted, señor? Tenemos varios modelos.

TURISTA Necesito un coche pequeño y que sea económico.

EMPLEADO En ese caso le sugiero que lleve el Panda 35-E. Es un coche pequeño, para cuatro personas y bastante económico.

TURISTA ¿Cuánto cuesta el alquiler por día?

EMPLEADO Dos mil quinientas pesetas.

TURISTA ¿Y por semana?

EMPLEADO Por semana vale quince mil pesetas.

TURISTA Prefiero alquilarlo por una semana.

EMPLEADO Perfectamente, señor.

Preguntas

a. ¿Qué quiere alquilar el turista?
b. ¿Qué tipo de coche necesita?
c. ¿Qué le sugiere el empleado?
d. ¿Cómo es el Panda 35-E?
e. ¿Cuánto cuesta el alquiler por día?
f. ¿Cuánto cuesta por semana?
g. ¿Por cuánto tiempo prefiere alquilarlo el turista?

2. With another student, use the car rental information and make up similar dialogues.

3. A Mexican friend of yours who speaks no English comes to the U.S.A. He wants to rent a car; so you serve as an interpreter between him and the employee who speaks no Spanish. You must interpret both languages.

EMPLEADO (*Can I help you?*)

SU AMIGO Quisiera alquilar un coche. Prefiero uno grande. Estoy aquí con mi familia.

EMPLEADO (*In that case I suggest you take the Ford Grenada. It's a big car.*)

SU AMIGO ¿Y cuánto cuesta el alquiler?

EMPLEADO (*Seventy-nine dollars per day.*)

SU AMIGO ¿Y por semana?

EMPLEADO (*Per week it will cost you three hundred fifty dollars.*)

SU AMIGO Me conviene más por semana.

EMPLEADO (*How long do you want it for?*)

SU AMIGO Lo quiero por dos semanas.

EMPLEADO (*Fine. Would you like to fill in this form, please, and then come back to me.*)

4. While on vacation in Mexico, you decide to rent an apartment. Study this model conversation.

EMPLEADO Buenas tardes. ¿Qué desea?

CLIENTE Quisiera alquilar un apartamento.

EMPLEADO ¿Qué tipo de apartamento busca Ud.?

CLIENTE Pues, quiero un apartamento que tenga un dormitorio, que esté bastante cerca del centro y que no sea muy caro.

EMPLEADO Un momentito, por favor. Veré si tenemos algunos.

Now get together with another student to adapt the dialogue above. Vary your requirements using information from this advertisement.

Costa Brava 47
Hogar ideal

- *Zona residencial de Mirasierra*
- *Pisos de 3, 4, 5 dormitorios y dúplex con chimenea*
- *Jardín, piscina, tenis, guardería, garaje...*
- *Cerca de la playa*

B. In Section B of this Unit, you will have further practice specifying requirements, this time with regard to people.

1. Look at this advertisement and the accompanying question and response.

EMPRESA DE AMBITO NACIONAL
PRECISA
DELEGADO ZONA MADRID

Tras período de formación, tendrá bajo su responsabilidad la promoción y venta de nuestros productos en la zona que se designará.

Se precisa:
— Hombre joven (25-30 años).
— Formación media a superior.
— Se valorará experiencia en ventas y asesoramiento.
— Vehículo propio.
— Don de gentes.
— Capacidad organizativa.
— Residencia en Madrid.

PREGUNTA: ¿Qué tipo de persona le gustaría contratar a la empresa?

RESPUESTA: A la empresa le gustaría contratar a un hombre que tenga entre 25 y 30 años, con una formación media a superior y algo de experiencia. Debe tener vehículo propio y poseer don de gentes. Es preciso que tenga capacidad organizativa y que resida en Madrid.

Now get together with another student. Study the advertisement and make up conversations like the one above.

EMPRESA INTERNACIONAL DE PRODUCTOS DE CONSUMO
solicita
10 VENDEDORES FIJOS
comprobada valia
por ampliación
en su red comercial

Se requiere:
● Experiencia en ventas.
● Mayor 21 años.
● Vehículo propio (preferible).

Se ofrece:
● Productos sin competencia y de fácil introducción.
● Elevados ingresos. Fijo más comisiones.
● Apoyo publicitario.

Para entrevistas, llamar, de 9,30 a 13.30 y de 16.30 a 20 h., al teléfono 259 60 82 y 259 61 97.

---

2. Read this letter written by a Puerto Rican student looking for a pen pal.

Robert Smith
42 Washington Ave.
Apt. B
Dallas, Texas 75226 E. U.

San Juan, 4 de junio de 19____

Estimados señores:

Mi nombre es Angela Toledo, soy puertorriqueña, tengo 16 años y estudio en un colegio de San Juan.

Me gustaría mantener correspondencia con un estudiante norteamericano. Preferiría que fuese una persona de mi edad y que estuviese interesado en practicar el español.

Les rogaría que me pusiesen en contacto con alguna persona interesada.

Les saluda muy atentamente.

Angela Toledo

Now write a similar letter following these guidelines.

First Paragraph: Give personal information

Second Paragraph: Say you would like to have correspondence with someone and specify the requirements.

Third Paragraph: Ask them to put you in touch with someone.

3. Read this passage. Ana Flores talks to a Spanish magazine about her ideal partner.

Ana Flores
Periodista

A mí me gustan los hombres inteligentes y bondadosos. Me parece que un hombre inteligente y malvado es absolutamente invisible, y uno bueno y tonto, también. No soy nada exigente en cuanto al vestir; prefiero que no estén excesivamente preocupados por su aspecto. Me encantan los hombres que tienen ojos expresivos y que muestran una mirada inteligente y curiosa, de esas que establecen diálogo. Por lo demás, me gusta que tengan unas manos viriles y sensibles, como las tenía mi padre; que sepan usar la ironía y el humor. En definitiva, a mí los que me gustan son los intelectuales, porque lo importante de la relación con el hombre, para mí, es el diálogo.

Now answer these questions about the article.

a. ¿Qué tipo de hombres le gustan a Ana?
b. ¿Qué piensa con respecto al vestir?
c. ¿Qué tipo de ojos le gustan?
d. ¿Qué tipo de manos le gustan?
e. ¿Por qué prefiere los intelectuales?

4. Describe your ideal partner. Study this table and check the answers you agree with.

¿Cuál sería su compañero o compañera ideal?

Me gustaría una persona . . .	
☐ que fuese inteligente	☐ que tuviese una profesión
☐ que fuese atractiva	☐ que tuviese mucho dinero
☐ que fuese imaginativa	☐ que supiese varios
☐ que fuese trabajadora	idiomas
☐ que fuese deportista	☐ que viajase mucho
☐ que tuviese una buena	☐ que estuviese siempre
educación	conmigo

Now add other positive characteristics that are not listed above.

Unit Summary

1. Expressing conditions and specifying requirements concerning:

(a) *Objects*
Necesito un coche que sea económico.

(b) *Places*
Quiero un apartamento que tenga un dormitorio.

(c) *People*
Preferiría que fuese una persona de mi edad.

2. Recommending and suggesting something:

Le sugiero que lleve el Panda 35-E.

Structure and Vocabulary Review

1.

quiero necesito prefiero	un apartmento	que	sea grande tenga dos dormitorios esté en el centro

2.

preferiría me gustaría	una persona	que	fuese* inteligente tuviese dinero supiese idiomas

*Note: You may also use the alternate forms: *fuera, tuviera,* and *supiera.*

3.

le sugiero le recomiendo	que	lleve alquile	el Panda 35-E

Spanish-English Vocabulary

In this alphabetically ordered vocabulary, most cognates and other words that can be easily recognized in their meaning have been omitted. The gender of nouns is indicated by *m* (masculine) or *f* (feminine); *pl* means plural.

A

abierto open
abrazar to embrace
abrazo (*m*) embrace; warm greeting (*in letters*)
aburrido boring
acabar de to have just
aceituna (*f*) olive
acompañar to accompany
acordar to agree
acostumbrar to be in the habit of
acostumbrarse to get used to
actitud (*f*) attitude
actriz (*f*) actress
actuar to act
acuerdo (*m*) agreement
  de acuerdo right!
acusar to accuse
además besides
administración (*f*) administration
  administración de empresas business administration
adonde where
advertencia (*f*) warning
afortunado fortunate
agente (*m*) agent
  agente de tráfico traffic policeman
agricultor (*m*) farmer
agua (*f*) water
  agua mineral mineral water
aguacate (*m*) avocado
aire acondicionado air-conditioned
albahaca (*f*) basil (spice)
alberca (*f*) swimming pool (*Mexico*)

alcanzar to reach
alegrarse to be glad
alfombra (*f*) carpet
algo something
  ¿algo más? anything else?
alguien somebody
alguno something; some
almorzar to have lunch
alojamiento (*m*) accommodations, lodgings
alojar to lodge, to house, to accommodate
alrededor around
altitud (*f*) altitude
alto tall
alumno (*m*) student
alzarse to rise
ama de casa (*f*) housewife
ambos both
ampliación (*f*) enlargement, expansion
ángulo (*m*) angle; corner
anterior previous
antes before
antipático unpleasant (*for people*)
antropología (*f*) anthropology
anuncio (*m*) announcement; advertisement
añadir to add
año (*m*) year
apartado de Correos (*m*) P.O. box number
apartamento (*m*) apartment
apellido (*m*) last name, family name
aporte (*m*) contribution (*South America*)
apoyo (*m*) support

apreciable considerable, apreciable
aprehender to arrest
aprender to learn
aprovechar to take advantage of
árbol (*m*) tree
  árbol frutal fruit tree
archivos (*m*) files; records
argentino Argentine
arreglar(se) to freshen up; to tidy up
arroz (*m*) rice
artesanía (*f*) craftsmanship; handicraft
artículo (*m*) article
  artículo de tocador toilet articles, toiletries
  artículos electrodomésticos electrical appliances
asamblea (*f*) meeting
ascensor (*m*) elevator
asesoramiento (*m*) advice
así thus, like this
asiático Asian
asiduidad (*f*) regularity; frequency
asignatura (*f*) subject (*school*)
aspirar to aspire, to aim at
aumentar to increase
aún even
aun still, yet
aunque although, though
austero austere
autocar (*m*) long-distance bus (*Spain*)
autor (*m*) author
avería (*f*) breakdown (*mechanical*)
avicultor (*m*) chicken farmer
avioneta (*f*) light aircraft
avisar to inform; to warn
ayudar to help
azúcar (*m*) sugar
azul blue

B

bachillerato superior (*m*) an advanced high-school degree required for entrance into a university
bailar to dance
bajar to go down
bajo short; low
baloncesto (*m*) basketball
banco (*m*) bank
baño (*m*) bathroom
barco (*m*) boat
barra de pan (*f*) loaf of bread
barrio (*m*) neighborhood; area
bastante enough, sufficient; quite
  bastante bien quite well
batir to beat, whisk
beber to drink
beca (*f*) scholarship
beneficio (*m*) benefit
biblioteca (*f*) library
bienvenida (*f*) welcome
billete (*m*) currency note; ticket (*Spain*)
blusa (*f*) blouse
bocadillo (*m*) sandwich (*Spain*)
bodega (*f*) warehouse (*South America*); wine cellar (*Spain*)
boleto (*m*) ticket (*South America*)
bolsa (*f*) bag
bondadoso kind
bonito pretty; nice
bordo (a_____) on board
botella (*f*) bottle
brevedad (a la_____posible) as soon as possible
bucear to dive; to swim under water
buscar to look for; to fetch
buzón (*m*) mailbox

C

caballo (*m*) horse
cabello (*m*) hair

cacería (f) hunting
cada each
café (m) coffee; cafe
  café con leche coffee with
  cream
  café solo black coffee
caja (f) cash register
cajero (m) cashier
calcetines (m pl) socks
calefacción (f) heating
calidad (f) quality
calle (f) street
calor (m) heat; warmth
  hace calor it is hot
caluroso hot; warm
cambiar to change; to exchange
cambio (m) change; exchange
  casa de cambio (money) exchange bureau
camisa (f) shirt
campo (m) countryside
canadiense Canadian
cano gray (hair)
  canoso gray-haired
cantidad (f) quantity, amount
capacidad (f) capacity, ability
  capacidad organizativa ability
  to organize
caravana (f) stream, long line (of
  cars)
cargar to load
carnet de conducir (m) driver's
  license
carnet de identidad (m) identity
  card
caro expensive
carpintero (m) carpenter
carrera (f) career; race; course of
  study, "major" (universities)
  carrera automovilística car
  race
carretera (f) highway
carta (f) letter; menu
  carta certificada registered
  letter
casado married
casa real royal house

casarse to get married
cascarrabias quick-tempered
  person
casi almost
castaño (hair) chestnut color
cebolla (f) onion
cedazo (m) sieve
cena (f) dinner, supper
centígrado (m) centigrade
central (f) telephone office;
  switchboard
céntrico central
cerca near
cerdo (m) pork
cerrar to close
certificado registered (letter)
cerveza (f) beer
césped (m) grass, lawn
ciencia (f) science
  ciencias políticas political
  science
cinturón de seguridad (m) safety
  belt
ciudad (f) city, town
clima (m) climate, weather
climatizado air-conditioned
cobrar to charge; to earn
cocido (m) stew (in Spain: of
  meet, bacon, chickpeas, etc.)
código (m) code
  código penal penal code
  código postal postal code
colaborar to collaborate; to help
colega (m & f) colleague
colegio (m) school
colgar to hang up
color (m) color
combinar to match, to go with
  (clothes)
comedor (m) dining room
comer to eat
comerciante (m) businessman;
  storekeeper
comercio (m) trade, business
comida (f) food; lunch (*Spain*);
  dinner (*South America*)
como how; as

cómodo comfortable
cómo no certainly
compañero de clase (*m*) classmate
compañía (*f*) company, firm
competencia (*f*) competition
compositor (*m*) composer
comprar to buy
comprobar to check
comunicar to get through (telephone)
con with
concerniente concerning, related to
concesionario (*m*) dealer (cars, etc.) shopkeeper licensed to sell a certain item (wine, etc.)
conducir to drive
conductor (*m*) driver
conmigo with me
conocer to know; to meet for the first time
conseguir to obtain, to get; to manage
consejo (*m*) advice
constituir to constitute
consultor (*m*) adviser, consultant
consumo (*m*) consumption
contabilidad (*f*) accountancy
contar to tell; to count
contestar to answer
contrario contrary
  de lo contrario otherwise
contratar to hire; to contract
convención (*f*) conference
convenir to agree; to be convenient
copa (*f*) drink
corbata (*f*) tie
cordero (*m*) lamb
corona sueca (*f*) Swedish krona (unit of money)
correos (*m*) post office
cortarse el pelo to have one's hair cut
corto short
cosa (*f*) thing
costar to cost

crediticio credit (*adjective*)
creer to think; to believe
crema (*f*) cream
crítica (*f*) criticism
cuadra (*f*) block
cuadrado square
cualquier any
cuánto how much
cuántos how many
  en cuanto a as regards
cuartel de policía (*m*) police station
cuarto (*m*) room; quarter
  cuarto de baño bathroom
cubierto covered
cucharada (*f*) spoonful
cucharadita (*f*) a teaspoonful
cuenta (*f*) bill, check (restaurant)
  cuenta corriente checking account
cuidar to look after; to take care
culpar to blame
cumplir to carry out
cuyo whose

CH

chaqueta (*f*) jacket
cheque (*m*) check
  cheque de viaje traveler's check
chico small
chimenea (*f*) fireplace
chuleta (*f*) chop
  chuleta de cerdo pork chop
  chuleta de cordero lamb chop
  chuleta de ternera veal chop

D

dañar to damage, to hurt
dar to give
darse cuenta to realize

dato (*m*) information
  datos personales personal information
deberes (*m pl*) homework; tasks
decilitro (*m*) deciliter
dedicar (tiempo) to devote (time)
dedicarse a to devote oneself to; to do (job)
definitivo definitive
  en definitiva definitively
dejar to leave
delante in front
delgado thin
delito (*m*) crime
demás other, others
  por lo demás as to the rest; otherwise; moreover
demasiado too; too much
deme give me
demora (*f*) delay
dentro inside; within
denunciar to denounce
departamento (*m*) apartment (*Chile, Argentina, Mexico*)
dependencia (de servicio) (*f*) room (for servants)
deporte (*m*) sport
deportivo sport (*adjective*)
depositar to deposit
derecha (*f*) right
  a la derecha on the right; to the right
Derecho (*m*) the Law
descansar to rest
descolgar to pick up (telephone)
desear to wish, to want
desempleo (*m*) unemployment
deshacer to undo; to unpack
designar to designate, to appoint
desocupado unoccupied
desperfecto (*m*) damage, fault
destinatario (*m*) addressee
destino (*m*) destination
detener to detain; to arrest
detrás behind
devolver to return, to give back

di I gave (from *dar*); say (familiar imperative of *decir*)
diariamente daily
diente de ajo (*m*) clove of garlic
¿dígame? hello (telephone); can I help you? (store)
dinero (*m*) money
dirección (*f*) address; direction
discar to dial (*Argentina*)
discutir to discuss; to argue
discreto discreet
distancia (*f*) distance
distribuidor (*m*) distributor, dealer, agent
distrito postal (*m*) postal code
divertirse to enjoy oneself
doblar to turn; to bend
docena (*f*) dozen
dolor de cabeza (*m*) headache
dominio (*m*) command, mastery; knowledge
don de gentes (*m*) personal charm
  tener don de gentes to know how to handle people
donde where
dorar to brown (cooking)
dormir to sleep
dormitorio (*m*) bedroom
dúplex (*m*) two-story apartment (*Chile*)
durar to last

E

echar de menos to miss (a person or place)
edificio (*m*) building
elegir to choose
elevarse to rise
empeorar to get worse
empezar to begin, to start
empresa (*f*) company, firm
encargarse de to be in charge of, to be responsible for
encender to light

encima above, on top
encontrarse to meet
enfermera (*f*) nurse
enfermo ill
enfrente opposite
enfriar to cool
ensalada (*f*) salad
  ensalada mixta mixed salad
enseguida immediately, right
  away; then
enseñanza (*f*) education; teaching
  enseñanza básica elementary
  education
entidad (*f*) institution
entonces then
entrada (*f*) ticket; entrance
  de entrada to begin with
entre between
entregar to hand in
época (*f*) time, period
equipo (*m*) team
equivocado wrong
escaso scarce; little
escena (*f*) scene
esconder to hide
escribir a máquina to type
escuela (*f*) school
  escuela agrícola agricultural
  school
escurrir to drain (liquid)
esfuerzo (*m*) effort
español (*m*) Spanish (*adjective*);
  Spanish man (*noun*)
espectáculo (*m*) show
espectador (*m*) spectator
esperanza (*f*) hope
esperar to wait; to hope; to
  expect
esposo (*m*) husband
esquí (*m*) ski; skiing
esquiar to ski
esquina (*f*) corner
establecimiento (*m*) establish-
  ment; shop
estación (*f*) station
  estación experimental research
  center

estacionamiento (*m*) parking lot
estacionar to park
estado (*m*) state; (the) State
  estado civil civil status
Estados Unidos (*m pl*) (EE. UU. *or*
  E.U.) United States (U.S.)
estancia (*f*) stay; farm
estar to be
estatura (*f*) height (of a person)
este (*m*) east
estimar to consider
estuche (*m*) case, box
estudios (*m pl*) studies,
  career
étnico ethnic
europeo European
evitar to avoid
examen (*m*) examination
exigente demanding
éxito (*m*) success
expedir to issue
exterior (*m*) abroad, overseas
extranjero (*m*) foreigner; abroad

F

fabricante (*m*) manufacturer
facilidades (*f pl*) facilities
  facilidades de pago easy credit
falda (*f*) skirt
fallecer to die
farmacia (*f*) pharmacy, drugstore
farol (*m*) lamp; streetlight
fecha (*f*) date
felicitar to congratulate
feliz happy
festivo holiday (*adjective*)
ficha (*f*) token (telephone)
fijo fixed
  sueldo fijo fixed salary
fin (*m*) end
  a fines de at the end of
finalmente finally
financiero financial
fino fine

firma (*f*) signature; firm (business)
firmar to sign
flauta (*f*) flute
flor (*f*) flower
florín (holandés) (*m*) florin (unit of money in the Netherlands)
fondo (*m*) background; bottom; back
  al fondo at the back; at the end
  en el fondo at the bottom
formación (*f*) training; education
fortalecer to strengthen
fracción (*f*) fraction, part
francamente frankly, honestly
francés (*m*) French (*adjective*); Frenchman (*noun*)
franco (*m*) franc (unit of money)
  franco suizo Swiss franc
frasco (*m*) jug
frío cold
frito fried
frontera (*f*) border
fruta (*f*) fruit
fuego (*m*) fire
  a fuego lento on a low gas; simmer (cooking)
fuera outside; out
función (*f*) performance, show
funcionario (*m*) official; clerk
funciones (*f pl*) activities; obligations

G

ganadero cattle (*adjective*)
ganar to earn; to win
garantizar to guarantee
gasto (*m*) expense
gato (*m*) cat
género literario (*m*) literary genre
gente (*f*) people
gerente (*m*) manager
girar to turn

gobierno (*m*) government
gordo fat
grado (*m*) degree
gratuito free (of charge)
gris gray
grupo (*m*) group
guardería infantil (*f*) day-care center
gustar to like
gustos (*m pl*) likes

H

habilidad (*f*) ability
habitación (*f*) room
habitante (*m*) inhabitant
habitar to inhabit
hábito (*m*) habit; custom
hablar to speak
  de habla española Spanish-speaking
hacendado (*m*) farmer
hacer to do; to make
hacer falta to be necessary
hambre (*m*) hunger
  tener hambre to be hungry
hay there is; there are
  hay que one has to
  no hay de qué not at all; you're welcome
haz do (*familiar imperative of* hacer)
helado (*m*) ice cream
hermano (*m*) brother
hermana (*f*) sister
hijo (*m*) son
hija (*f*) daughter
hispanoamericano Latin American
historia (*f*) history
hola hello
hombre (*m*) man
hondureño (*m*) inhabitant of Honduras
hora (*f*) hour; time

horario (*m*) timetable
hoy today
hoy en día nowadays
hoy mismo today without fail
huelga (*f*) strike
huevo (*m*) egg

jornada de trabajo (*f*) working day
joven young
joya (*f*) jewel
jugar to play
junta directiva (*f*) board of directors

I

idioma (*m*) language
iglesia (*f*) church
importaciones (*f pl*) imports
importador (*m*) importer
impresionante impressive
incorporación (*f*) incorporation; joining
indígena (*m*) indian
infantil child (*adjective*)
informes bancarios (*m*) bank references
ingeniero (*m*) engineer
  ingeniero agrónomo agricultural engineer
inglés (*m*) English (*adjective*); Englishman (*noun*)
ingreso (*m*) income
injusto unfair
instrucción instruction
intentar to try to
interesante interesting
  ¡que interesante! how interesting!
interesarse por to be interested in
interurbano between towns or cities; long-distance (telephone calls)
invierno (*m*) winter
invivible that you can't live with

J

jamón (*m*) ham
jardín (*m*) garden
jerez (*m*) sherry

L

laborable working (*adjective*)
labrador (*m*) agricultural laborer
lado (*m*) side
  al lado de next to
ladrón (*m*) thief, burglar
lana (*f*) wool
largo long
lástima (*f*) pity
lavandería (*f*) laundry; launderette
lavar to wash
lectura (*f*) reading
leche (*f*) milk
lejos far
letra de imprenta (*f*) printed letter
levantarse to get up
libra esterlina (*f*) pound sterling (unit of money in the United Kingdom)
libra irlandesa (*f*) Irish pound (unit of money)
libre free
licuadora (*f*) blender
líder (*m*) leader
ligero light
limitar to border; to limit
limpio clean
línea (*f*) line
listo ready
living-comedor (*m*) living room and dining room together
loco crazy
loncha (*f*) slice
luego then

lugar (*m*) place
luz (*f*) light

LL

llamada (*f*) call
  llamada telefónica telephone call
llamarse to be called
  me llamo my name is (I'm called)
llave (*f*) key
llegada (*f*) arrival
llegar to arrive
llevar to wear; to take; to carry; to have been
llover to rain
  llueve it rains

M

maduro ripe; mature
maleta (*f*) suitcase
malvado wicked
mandatario (*m*) president; head of state
manera (*f*) manner
mano (*f*) hand
mantener correspondencia to correspond
mantequilla (*f*) butter
manzana (*f*) apple
mar (*m*) sea
marcar to dial
  tono de marcar dial tone
Marco alemán (*m*) German mark
mareo (*m*) seasickness
marido (*m*) husband
marisco (*m*) seafood
marrón brown
marroquí (*m*) Moroccan (*adjective*); Moroccan man (*noun*)

más more
  más o menos more or less
materno mother (*adjective*)
  idioma materno mother tongue
matricularse to register
mayor older
mayoría (*f*) majority
mecanografía (*f*) typing
media (*f*) average
mediano medium-sized
medias (*f*) stockings; tights
médico (*m*) doctor
  médico veterinario veterinarian
medio half; middle
mediodía (*m*) midday
medir to measure
mejor better
mejora (*f*) improvement
mejorar to improve, to get better
mencionar to mention
menos less
  por lo menos at least
merecer to deserve
mes (*m*) month
mesa (*f*) table
mestizo (*m*) of mixed race (white and Indian)
meter to put in
metro (*m*) meter
mexicano Mexican
mezclar to mix
microteléfono (*m*) receiver (telephone)
minuto (*m*) minute
mirada (*f*) look
mirar to look
mismo same
modista (*f*) dressmaker
momento moment
  de momento for the moment
moneda (*f*) coin; currency
montaña (*f*) mountain
morir to die
mucho gusto how do you do
mudarse to move
mujer (*f*) woman; wife

mundo (*m*) world
muro (*m*) wall
museo (*m*) museum

N

nacimiento (*m*) birth
nación (*f*) nation
nada nothing
  de nada not at all; you're
    welcome
nadar to swim
nadie no one, nobody
naranja (*f*) orange
natación (*f*) swimming
náutico nautical; sea (*adjective*)
nervioso nervous
neumático (*m*) tire
nevar to snow
  nieva it snows
nevera (*f*) refrigerator
niño (*m*) child; boy
nivel (*m*) level
noche (*f*) night
nombrar to appoint
nombre (*m*) name
norte (*m*) north
norteamericano North American;
  of the United States
noticia (*f*) news
novio (*m*) boyfriend; fiancé;
  bridegroom
nuestro our
nuevo new
número (*m*) number
nunca never

O

obra (*f*) play (theater); work
obtener to obtain
ocio (*m*) leisure
ocupación (*f*) occupation

ocupado occupied
ocurrente witty; bright, clever
oeste (*m*) west
ofrecer to offer
ojo (*m*) eye
opinar to think
optativo optional
otoño (*m*) autumn, fall
otro other, another
¡oye! listen! (*familiar imperative of* oir)

P

paella (*f*) Spanish dish (made
  with rice, shellfish, meat, and
  vegetables)
paga (*f*) pay, wages
pagar to pay
país (*m*) country
paisaje (*m*) landscape
pan (*m*) bread
pantalones (*m pl*) trousers, pants
pañuelo (*m*) handkerchief
papa (*f*) potato (*Latin America*)
papas fritas fried potatoes
papel (*m*) role (theater); paper
paquete (*m*) parcel, package;
  pack
par (*m*) pair
para for; in order to
parada (*f*) stop
  parada del autobús bus stop
pariente (*m*) relative
partir to depart, to leave
  a partir de starting (from)
pasado mañana day after tomor-
  row
pasar to pass; to spend (time)
  pasarlo bien to have a good
    time
  pasar por to go past; to go
    through
pase (*m*) show (movies)
patinar to skate

patrulla (*f*)   patrol
pausa (*f*)   pause
película (*f*)   film
pelirrojo   red-haired, red-headed
pelo (*m*)   hair
peluquería (*f*)   hairdresser's shop
pensar   to think
peor   worse
perder   to lose; to waste
perdone   excuse me, I'm sorry
perejil (*m*)   parsley
perfeccionarse   to improve oneself
perfil (*m*)   features, characteristics; profile
periódico (*m*)   newspaper
periodista (*m & f*)   journalist
permitido   allowed, permitted
pertenecer   to belong
pesado   heavy
pesar (*m*)   regret
   a pesar de   in spite of, despite
picar   to chop up; to cut
pileta (*f*)   sink (kitchen); pool
pimienta (*f*)   pepper
pimiento verde (*m*)   green pepper
pintor (*m*)   painter
piso (m)   story; apartment; floor
pista (*f*)   runway
plancha (a la_____)   grilled
planta baja (*f*)   ground floor
plata (*f*)   silver
plato (*m*)   dish
playa (*f*)   beach
plazo (*m*)   period
   a largo plazo   in the long run
población (*f*)   population
poco   little
poder   can, be able to
pollo (*m*)   chicken
poner   to put
   poner una obra o película   to
      put on a play or film
por   for; by
   por aquí   around here
   ¿por dónde?   which way?
porcentaje (*m*)   percentage

postgrado   postgraduate
precio (*m*)   price
precisar   to need
preferir   to prefer
preguntar   to ask
prensa (*f*)   press
prestar atención   to pay attention
pretender   to try to
prever   to foresee
primavera (*f*)   spring
principio (*m*)   beginning
   a principios de   at the begin-
      ning of
prisa (*f*)   hurry
   tener prisa   to be in a hurry
probador (*m*)   fitting
      room
probarse   to try on
producir   to produce
profesión (*f*)   profession
prohibido   forbidden, prohibited
pronto   soon
propio   own
proporcionar   to give; to provide
protegerse   to protect oneself
próximo   next; near
prueba (*f*)   test; proof
puerta (*f*)   door
puesto (*m*)   job, post
publicitario   publicity (*adjective*)

Q

que   who, that
quedar   to be left; to fit
¿cómo le quedan?   how do they
   fit you?
me quedan bien   they fit me well
no queda(n)   there is (are) none
   left
quedarse   to remain, to stay
querer   to want
quien   who
quinto   fifth
química (*f*)   chemistry

R

ramita (*f*) twig
ratero (*m*) thief
razón (*f*) reason
real real; royal
realizar to carry out, to do
recámara (*f*) dressing room; bedroom
receptor (*m*) receiver
recibo (*m*) receipt
recientemente recently
recoger to collect, to pick up
recomendar to recommend
recordar to remember
recuerdos (*m pl*) memories; souvenirs
recurrir a to resort to; to fall back on; to turn to (a person)
recursos (*m pl*) resources
red (*f*) network
 red comercial commercial network
regar to water
régimen regime; diet
reloj (*m*) watch
relojería (*f*) watchmaker's (shop), jewelry shop
remojar to soak, to dip (into)
 poner o dejar en remojo to leave something to soak
reparar to repair
reprimir to repress, suppress
requerir to require
respectivamente respectively
responder to answer
resultar efectivo to take place
retraso (*m*) delay
rey (*m*) king
rincón (*m*) corner
riñón (*m*) kidney
robo (*m*) theft, robbery
rojo red
ropa (*f*) clothes
rubio blond
ruido (*m*) noise

S

saber to know
sacar to take out; to get (tickets)
 sacar a pasear to take out for a walk
sal (*f*) salt
sala (*f*) living room
salario (*m*) salary
salir to go out, to leave
saludos (*m pl*) regards
sartén (*f*) frying pan
secundario secondary
seguir to follow; to continue; to pursue (a career)
según according to
segundo second
seguridad (*f*) security
seguro (*m*) insurance
seguro safe, secure; sure
sello (*m*) stamp
semana (*f*) week
semana pasada last week
semanal weekly
sensible sensitive; appreciable
sentir to feel
 lo siento I'm sorry
señas (*f pl*) address
ser to be
servicio (*m*) service
servicios (*m pl*) toilets
servir to serve
 ¿en qué puedo servirle? what can I do for you? (stores)
sesión (*f*) show (movies); session
siempre always
simpático nice, pleasant (people)
sin without
sitio (*m*) place; site
sobre (*m*) envelope
sobre above, over
sobrepasar to overtake (a vehicle)
solicitar to request; to apply
solo alone
sólo only
soltero single, unmarried

sopa (*f*)   soup
sorprender   to surprise; to catch
sueldo (*m*)   salary, wages
sufrir   to suffer
sugerir   to suggest
superar   to exceed, surpass; overcome
superficie (*f*)   area; surface
supermercado (*m*)   supermarket
suponer   to suppose
sur   south

T

talla (*f*)   size (clothes)
tamaño (*m*)   size
también   also
tanto   so much
taquigrafía (*f*)   shorthand
taquilla (*f*)   box office, ticket office
tardar   to take time
tarde   late
tarde (*f*)   afternoon
tarifa (*f*)   price; rate
tarjeta (*f*)   card
  tarjeta de crédito   credit card
té (*m*)   tea
te   you (*familiar pronoun*)
teatral   theater (*adjective*)
técnico   technical
tejano (*m*)   jeans
telefonear   to telephone
temperatura (*f*)   temperature
templado   temperate
ten   have (*familiar imperative of* tener)
tener   to have
  tener a mano   to keep something handy
  tener ganas   to feel like it
  tener que   to have to
tenis (*m*)   tennis
  tenis de mesa   table tennis
terminación (*f*)   finish

terminar   to finish
ternera (*f*)   veal
tía (*f*)   aunt
tiempo (*m*)   time; weather
tienda (*f*)   shop
  tienda de comestibles   food shop
tipo (*m*)   type
tiro de disco (*m*)   discus throwing
tocar   to play (instrument)
tocino (*m*)   bacon; salt pork
todo   all, everything
tolerada   no age restrictions (movies)
tomar   to take; to have (food)
tono (*m*)   tone
tonto   fool, silly
tortilla (*f*)   Spanish omelette; flat cornmeal pancake
trabajador   hardworking
trabajador (*m*)   worker
traer   to bring
tráigame   bring me (*formal imperative of* traer + *pronoun*)
traje (*m*)   suit
tranquilo   quiet
transbordar   to transfer
transeúnte   passerby
tras   after
traslado (*m*)   transfer
tratar de   to try to
través (a____ de)   through
tren (*m*)   train
trozo (*m*)   piece; slice
turismo (*m*)   tourism
tuyo   yours (*familiar possessive adjective and pronoun*)

U

último   last
únicamente   only
universidad (*f*)   university
urbano   urban; town, city (*adjective*)
utilizar   to use

V

vacaciones (*f pl*) vacation(s)
valer to cost; to be worth
  ¿cuánto vale? how much does it cost?
valía (*f*) worth
valor (*m*) value; cost
variado varied
variedad (*f*) variety
vecino (*m*) neighbor
vendedor (*m*) salesman
vender to sell
venezolano (*m*) Venezuelan (*adjective*), Venezuelan man
venir to come
venta sale
ventanilla (*f*) window (of a ticket office, etc.)
ver to see
  por lo que veo as far as I can see
verano (*m*) summer
verde green
verdura (*f*) vegetable
  sopa de verduras vegetable soup
vestido (*m*) dress
vestir to dress
vestirse to get dressed

vez (*f*) time
  otra vez again
  una vez once
vía aérea air mail; by plane
viajar to travel
viajero (*m*) traveler
viejo old
vinagre (*m*) vinegar
vista (*f*) view
  con vista al mar with a sea view
viuda (*f*) widow
vivir to live
volar to fly
vuelo (*m*) flight
vuelta (*f*) return

Y

ya already
  ya no not any longer
  ya que since, because

Z

zapatería (*f*) shoe store
zapatillas (*f pl*) slippers
zapatos (*m pl*) shoes

NTC SPANISH TEXTS AND MATERIAL

Computer Software
Basic Vocabulary on Computer

Graded Readers
Cuentitos simpáticos
Cuentos simpáticos
Diálogos simpáticos

Workbooks
Ya escribimos
¡A escribir!
Spanish Verb Drills

Exploratory Language Books
Getting Started in Spanish
Just Enough Spanish
Multilingual Phrase Book

Conversation Books
¡Empecemos a Charlar!
Basic Spanish Conversation
Everyday Conversations in Spanish

Contemporary Life and Culture
"En directo" desde España
Cartas de España
Voces de Puerto Rico
Panorama del mundo latinoamericano:
    The Andean Region
Tapas Series

Text and Audiocassette Learning Packages
Just Listen 'n Learn Spanish

Contemporary Culture—in English
Spain: Its People and Culture
Welcome to Spain
Life in a Spanish Town
Spanish Sign Language
Discovering Spain Series

Cross-Cultural Awareness
Encuentros culturales

Legends and History
Leyendas latinoamericanas
Leyendas de Puerto Rico
Leyendas de España
Leyendas mexicanas
Dos aventureros: De Soto y Coronado
Muchas facetas de México
Una mirada a España

Literary Adaptations
Don Quijote de la Mancha
El Cid
La Gitanilla
Tres novelas españolas
Dos novelas picarescas
Tres novelas latinoamericanas
Cuentos puertorriqueños
Joyas de lectura
Cuentos de hoy
Lazarillo de Tormes
La Celestina

High-Interest Readers
Señor Pepino Series
    La momia desaparece
    La casa embrujada
    El secuestro
Journeys to Adventure Series
    Un verano misterioso
    La herencia
    El Ojo de Agua
    El enredo
    El jaguar curioso

Puzzle and Game Books
Easy Spanish Crossword Puzzles
Easy Spanish Word Games & Puzzles
Pasatiempos para ampliar el vocabulario (Vol. I-IV)

Duplicating Masters
Lotería, Creative Vocabulary Bingo Games
Lotería, Creative Verb Bingo Games
Crucigramas para estudiantes
Rompecabezas para estudiantes
Pasatiempos
Buscapalabras
The Newspaper
The Sports Page

Handbooks and Reference Books
Complete Handbook of Spanish Verbs
Spanish Verbs and Essentials of Grammar
Guía de correspondencia española
Guía de modismos españoles

Dictionaries
Vox Modern Spanish and English Dictionary
Vox New College Spanish and English Dictionary
Vox Compact Spanish and English Dictionary
Vox Super-Mini Spanish and English Dictionary
Plus songbooks, games, tests, realia, and more!

For further information or a current catalog, write:
National Textbook Company
a division of *NTC Publishing Group*
4255 West Touhy Avenue
Lincolnwood, Illinois 60646-1975 U.S.A.